Arnd Becker, Mark Oelmüller

**Die SE für den Mittelstand –**

**Theorie und Praxis der SE-Gründung**

Praxishefte
zum
Europäischen Privatrecht

Heft 5

De Gruyter Recht · Berlin

# Die SE für den Mittelstand – Theorie und Praxis der SE-Gründung

unter besonderer Berücksichtigung
des Zusammenspiels von Gesellschafts-
und Arbeitsrecht

Von
Arnd Becker, Mark Oelmüller

RECHT

De Gruyter Recht · Berlin

**Die Autoren:**
*Arnd Becker,* Dr. iur., Rechtsanwalt, Essen,
*Mark Oelmüller,* Dr. iur., Rechtsanwalt, Fachanwalt für Arbeitsrecht, Essen.

∞ Gedruckt auf säurefreiem Papier,
das die US-ANSI-Norm über Haltbarkeit erfüllt.

ISBN 978-3-89949-747-2

*Bibliografische Information der Deutschen Nationalbibliothek*

Die Deutsche Nationalbibliothek verzeichnet diese Publikation in der Deutschen Nationalbibliografie; detaillierte bibliografische Daten sind im Internet über http://dnb.d-nb.de abrufbar.



Printed in Germany
Satz: Claudia Wild, Stuttgart
Druck und buchbinderische Verarbeitung: AZ Druck & Datentechnik, Kempten

## Inhaltsübersicht


I. **Einleitung** ... 9
1. Die SE ... 9
2. Die SE für den Mittelstand ... 11
3. Ausgangslage und Gestaltungsziel ... 11

II. **Gestaltungsüberlegungen** ... 12
1. Ausländische Gesellschaftsform ... 12
2. Personengesellschaft ... 13
3. Stiftung ... 14
4. Konzernumbau ... 15

III. **Die SE** ... 16
1. Das auf eine deutsche SE anwendbare Recht ... 16
2. Die Gestaltung der Organisationsstruktur ... 17
3. Die Gründungsvarianten ... 17
a) Formwechsel ... 18
b) Holding-SE ... 21
c) Tochter-SE ... 22
d) Verschmelzung ... 23
e) Sekundärgründung einer SE ... 24
4. Schnelle Wege zur SE ... 24
a) Erwerb und Verwendung einer Vorrats-SE ... 25
b) Verschmelzung einer neu gegründeten ausländischen Tochter-AG auf die deutsche Mutter-AG ... 29

IV. **Umsetzung** ... 30
1. Der Zeitplan ... 30
a) Die Meilensteine im Zeitplan ... 30
b) Zeitliche Faktoren aus gesellschafts- und umwandlungsrechtlicher Sicht ... 30
c) Zeitliche Faktoren aus arbeitsrechtlicher Sicht ... 33
2. Die Akteure ... 33
3. Erste Schritte ... 35
4. Kommunikation ... 36

V. **Arbeitsrechtliche Fragestellungen, praktische Probleme und Lösungen** ... 37
1. Auswirkungen auf individual- und kollektivrechtlicher Ebene ... 38
a) Individualarbeitsrechtliche Folgen ... 38

b) Kollektivarbeitsrechtliche Folgen ... 39
2. Mitbestimmungsrechte in der SE ... 41
a) Ausgangslage ... 41
b) Der Weg zum BVG – Information der Leitungen ... 42
aa) Zeitpunkt der Information ... 42
bb) Adressat der Information ... 43
cc) Information der im Ausland beschäftigten Arbeitnehmer ... 45
dd) Inhalt der Information ... 46
c) Der Weg zum BVG – Personelle Konstituierung des BVG ... 47
aa) Größe und Zusammensetzung ... 47
(1) Grundsätze ... 47
(2) Besonderheiten bei der Verschmelzungsvariante ... 48
(3) Neubesetzung bei Änderungen ... 49
bb) Wahl der in Deutschland beschäftigten Arbeitnehmervertreter ... 50
cc) Wahl der im Ausland beschäftigten Arbeitnehmer ... 51
(1) Österreich ... 51
(2) Tschechien ... 52
(3) Polen ... 53
(4) Niederlande ... 53
(5) Zusammenfassung ... 53
3. Verhandlungen des BVG ... 54
a) Grundsätze ... 54
b) Kosten des BVG ... 55
c) Stellvertretung im BVG ... 58
4. Abbruch oder Nichtaufnahme der Verhandlungen ... 59
5. Beteiligung durch Vereinbarungslösung ... 61
a) Inhalt der Vereinbarung ... 61
b) Beschlussfassung ... 61
6. Beteiligung durch gesetzliche Lösung ... 63
a) Grundsatz ... 63
b) Arbeitsdirektor gem. § 38 SEBG ... 64
c) Exkurs: Trotz Überschreiten der Schwellenwerte nicht mitbestimmte Gesellschaft ... 65
7. Wiederaufnahme von Verhandlungen ... 67
8. SE-Betriebsrat ... 70

**VI. Gesellschaftsrechtliche Fragestellungen, praktische Probleme und Lösungen** ... 71
1. Gründung einer ausländischen Kapitalgesellschaft ... 71
2. Vereinfachungen bei einer Tochter-Mutter- Verschmelzung ... 72
3. Formalia bei Verschmelzungsplan, Hauptversammlungen, Vollmachten ... 74
   a) Beurkundungen ... 74
   b) Notarielle Beglaubigungen ... 75
   c) Bekanntmachungen ... 75
4. Monistische oder dualistische Unternehmensverfassung der künftigen SE? ... 75
5. Die Organe der SE: „Vorstand“ und „Aufsichtsrat“ oder „Leitungs-“ und „Aufsichtsorgan“? ... 80
6. Bestellung des ersten Aufsichtsrats und des Vorstands ... 81
7. Anmeldung der SE mit Sitz in Deutschland gem. Art. 26 SE-VO ... 84
8. Korrespondenz mit den Register ... 84
   a) Die involvierten Register ... 85
   b) Informelle Korrespondenz ... 85
   c) Formelle Korrespondenz ... 85
9. Änderung der HR-Nummer der Gesellschaft ... 85
10. Prokuren ... 86

**VII. Die letzten Schritte zur SE** ... 87
1. Die Rechtmäßigkeitsbescheinigung aus dem ausländischen Mitgliedsstaat ... 87
2. Die Rechtmäßigkeitsbescheinigung aus Deutschland ... 87
3. Die Eintragung der SE in Deutschland ... 88
4. Die Bekanntmachung der SE ... 89
5. Die Löschung der übertragenden AG ... 89

**VIII. Schlussbetrachtungen** ... 89
1. Dauer der Gründung einer SE durch Verschmelzung ... 89
2. Kosten ... 90
3. Zielerreichung ... 90
4. Ausblick ... 91

# Vorwort*

Die europäische Aktiengesellschaft, die „SE“, hatte einen langen Anlauf, bis sie als erste europäische Gesellschaftsform Wirklichkeit wurde. Ist sie ein gutes „Produkt“ geworden? Hat die Wirtschaft in Europa nur auf sie gewartet? Nach nunmehr fünf Jahren und der inzwischen erfolgten Umsetzung in allen Mitgliedsländern der EU und des Europäischen Wirtschaftsraums EWR kann man feststellen, dass zwar die Zahl der Gründungen von SEs steigt, es aber bei weitem nicht so viele SEs gibt, wie die EU-Kommission angenommen und vorausgesehen hatte.

Warum also ein Praxisleitfaden zur SE-Gründung, noch dazu für den Mittelstand, der doch eher in den Formen der GmbH oder der KG organisiert ist als in einer Aktiengesellschaft? Weil die Antwort auf die Frage nach dem Erfolg der SE in den verschiedenen EU-Staaten unterschiedlich ausfällt. In Deutschland ist die SE mit ca. einem Drittel aller SEs in Europa recht prominent vertreten. Und es sind nicht etwa nur oder vorrangig die ganz großen Gesellschaften, wenn sie auch in den Medien bekannter sind und teilweise auch eine Vorreiterrolle gespielt haben.

Unsere Beratungspraxis ist geprägt vom Mittelstand, diesem vielgestaltigen und wichtigen Kern und Motor der deutschen Wirtschaft. Im Mittelstand besteht ein wachsendes Interesse an der Rechtsform der SE. Dieses Interesse hat viele Gründe. Der vorliegende Band widmet sich insbesondere einer Konstellation, die für viele Mittelständler von Relevanz ist, der SE-Gründung vor dem Hintergrund der Unternehmensmitbestimmung.

Bei der Frage der zukunftsfähigen Gestaltung der Mitbestimmung kann die SE helfen, vernünftige Antworten zu finden. Mit den nachfolgenden Ausführungen wollen wir aufzeigen, wie diese Antworten in der Praxis aussehen können.

Wir danken Frau Julia Kleinertz für ihre Mitarbeit bei der Erstellung des Manuskripts. Herrn Professor Dr. Riesenhuber danken wir für die Aufnahme in die Reihe der „Praxishefte zum Europäischen Privatrecht“ und dem Verlag für die schnelle und gute Zusammenarbeit. Literatur und Rechtsprechung sind bis August 2009 berücksichtigt.

Essen im September 2009 Arnd Becker und Mark Oelmüller

Kritik und Anregungen sind erwünscht und können gerichtet werden an:
Arnd.Becker@luther-lawfirm.com
oder Mark.Oelmueller@luther-lawfirm.com

---

* Der Beitrag basiert auf Beispielen aus der Beratungspraxis. Die Autoren danken Frau Julia Kleinertz für ihre Mitarbeit.

## I. Einleitung

Dieser Beitrag gibt eine auf den praktischen Ablauf und dabei auftretende Fragestellungen fokussierte Darstellung der Gründung einer Societas Europaea („SE"). Hierbei sollen die naturgemäß noch vielstimmige Literatur und die noch vereinzelte Rechtsprechung aus dem Blickwinkel des um möglichst sichere und zügige Umsetzung bestrebten Praktikers gewürdigt bzw. kritisch hinterfragt werden. Besonderes Augenmerk gilt dabei der Eignung der SE für mittelständische Unternehmen. Steuerliche Aspekte der Wahl der SE als Unternehmensrechtsform werden hingegen nur am Rande und ohne Anspruch auf Vollständigkeit angesprochen.

### *1. Die SE*

Die SE ist verglichen mit den bekannten nationalen Kapitalgesellschaftsformen wie etwa der AG in Deutschland oder der PLC in Großbritannien eine erst wenige Jahre existierende Unternehmensrechtsform. Da sie zudem eine „europäische" Gesellschaft ist[1] und damit ein Beispiel des noch jungen, wenn auch rapide wachsenden, europäischen Gesellschaftsrechts[2], wurde sie bei ihrer Geburt kritisch beäugt. Mit überraschtem Unterton wird daher zur Kenntnis genommen, dass insbesondere in Deutschland, aber beispielsweise auch in Tschechien und in den Niederlanden die Zahlen neu gegründeter und weiterhin existenter SEs durchaus beeindruckend

---

1 Inwiefern man bei der SE wirklich von einer „europäischen Gesellschaft" sprechen kann und ob eine mangelnde europaweite Einheitlichkeit nicht gerade ein in der Rechtsanwendung positives Merkmal der SE ist, bleibt im Rahmen dieses Beitrags noch zu erörtern. Siehe dazu auch Lutter/Hommelhoff-*Lutter*, SE Kommentar (2008), Einleitung Rn. 29, 31; Janott/Frodermann-*Kuhn*, Handbuch der Europäischen Aktiengesellschaft (2005), 2. Kapitel Rn. 8.

2 Am 22.7.2003 erließ der Rat die Verordnung (EG) 1435/2003 über das Statut der Europäischen Genossenschaft (SCE). Zudem gibt es konkreter werdende Pläne für eine „Europäische Privatgesellschaft", s. dazu den Vorschlag der Europäischen Kommission für ein Statut einer Europäischen Privatgesellschaft vom 25.6.2008, abzurufen unter „http://ec.europa.eu/internal_market/company/epc/index_de.htm". Zum 31.12.2007 lief die Umsetzungsfrist für die Richtlinie 2005/56/EG vom 26.10.2005 „über die Verschmelzung von Kapitalgesellschaften aus verschiedenen Mitgliedsstaaten" aus, die in Deutschland mit dem zweiten Gesetz zur Änderung des Umwandlungsgesetzes vom 19.4.2007 mit Wirkung zum 25.4.2007 umgesetzt worden ist.

sind[3] und dass auch prominente Namen[4] darunter vertreten sind. So bestanden im April 2009 in der EU insgesamt 369 SEs, davon 91 in Deutschland, 139 in Tschechien und 22 in den Niederlanden.[5] Bei 100 der in Tschechien gegründeten SEs handelt es sich jedoch um sog. Vorrats-SEs. Der erwartete deutliche Anstieg der jährlichen SE-Neugründungen ist nach diesen Ergebnissen tatsächlich eingetreten.[6]

Auf die Hintergründe und die lange Gesetzgebungsgeschichte der SE soll hier nicht eingegangen werden.[7] Als allgemeine Charakterisierung sei die SE als im Grundsatz europäisch vorgeprägte, AG-ähnliche, mithin auch börsenfähige Kapitalgesellschaft beschrieben, die grenzüberschreitende Unternehmenszusammenschlüsse und auch Sitzverlegungen zulässt und bei deren Gründung Besonderheiten hinsichtlich der Arbeitnehmerbeteiligung zu beachten sind. Die SE wird daher auch als „Europäische Aktiengesellschaft" bezeichnet.[8]

---

3 Vgl. *Bayer/Schmidt*, Europäische Gesellschaft (SE) als Rechtsform für den Mittelstand?!, AnwBl 2008, 327, 328.

4 Porsche, Allianz, Fresenius, BASF, Conrad Electronic.

5 Dies ergibt sich aus Erhebungen, die aktuell (Januar – September 2009) im Rahmen des im Auftrag der EU-Kommission nach Art. 69 SE-VO zu erstattenden Berichts gemacht werden. An der diesbezüglichen, europaweiten Studie wirkt der Verfasser Becker in leitender Position mit.

6 Vgl. *Eidenmüller/Engert/Hornuf*, Die Societas Europaea: Empirische Bestandsaufnahme und Entwicklungslinien einer neuen Rechtsform, AG 2008, 721, 725, die im Juni 2008 213 SEs, davon 70 in Deutschland, zählten. Besonders beliebt waren bis Juni 2008 danach SEs im Finanz- und Versicherungsdienstleistungssektor, in welchem mit 43 SEs die SE am weitesten verbreitet war; 57 SEs hatten als sogenannte Vorrats-SEs dagegen im Juni 2008 noch keinen festen Verwendungszweck. Mit fast 27 % nahmen damit die Vorrats-SEs schon 2008 einen bedeutenden Anteil der insgesamt bestehenden SEs ein und bis April 2009 ist ihr Anteil sogar um weitere fast 11 % gestiegen, so dass diese Gestaltungsvariante im Folgenden noch zu erläutern sein wird.

7 Siehe dazu etwa Lutter/Hommelhoff-*Lutter* (Fn. 1), Einleitung Rn. 7 ff.; Jannott/Frodermann-*Taschner* (Fn. 1), 1. Kapitel Rn. 1 ff.

8 Bei Jannott/Frodermann (Fn. 1) taucht die Bezeichnung als „Societas Europaea" nur im Untertitel des „Handbuch[s] der Europäischen Aktiengesellschaft" auf.

## 2. Die SE für den Mittelstand

Man kann diese Zwischenüberschrift mit einem Fragezeichen oder – nicht nur unserer Meinung nach[9] – besser mit einem Ausrufezeichen versehen. Zwar ist der Begriff des Mittelstandes so weit und sind die von diesem Begriff umfassten Unternehmen so vielgestaltig, dass man das Ausrufezeichen im Sinne einer Gestaltungsempfehlung nicht uneingeschränkt wird setzen können, aber einige Argumente für die Rechtsform der SE sind für einen erheblichen Teil mittelständischer Unternehmen und Unternehmer bedenkenswert. Wir werden uns nachfolgend im Wesentlichen mit einem Argument und dessen Umsetzung beschäftigen, nämlich der Verhandelbarkeit und damit Gestaltungsmöglichkeit der Arbeitnehmer-Mitbestimmung. Für eine SE-Gründung können zudem das Wahlrecht zwischen einer dualistischen und einer monistischen Organisationsverfassung sowie das Renommee einer „internationalen Gesellschaft" sprechen.[10]

## 3. Ausgangslage und Gestaltungsziel

Für die Zwecke dieser Darstellung, einen an Praxisfällen orientierten „roten Faden" zur Verfügung zu stellen, soll von einer haftungsbeschränkten Gesellschaft mit Satzungs- und Verwaltungssitz in Deutschland mit Auslandsaktivitäten (nicht notwendig auch Auslandsgesellschaften) in Europa ausgegangen werden, die einen Allein- oder Mehrheitsgesellschafter hat. Schwerpunktmäßig wollen wir dabei von einer GmbH oder AG mit einem Alleingesellschafter ausgehen, die nicht über eine ausländische, europäische Tochtergesellschaft verfügt. Diese Muster-Gesellschaft (bzw. der Konzern, dessen Obergesellschaft sie ist) soll 400 oder alternativ 1800 Mitarbeiter haben und expansionswillig sein.

Das im Mittelstand nicht unbekannte Ziel soll es sein, das Unternehmen wie bisher im informell gelebten Einvernehmen mit den Mitarbeitern im Interesse und nach Maßgabe der Inhaber zu führen, ohne dass es

---

9 Ebenso *Kowalski*, Praxisfragen bei der Umwandlung einer Aktiengesellschaft in eine Europäische Gesellschaft (SE), DB 2007, 2243; *Bayer/Schmidt*, AnwBl 2008, 327 setzen sowohl ein Fragezeichen als auch ein Ausrufezeichen in die Überschrift ihres Beitrags. Vgl. auch Jannott/Frodermann-*Jannott/Frodermann* (Fn. 1), Einleitung Rn. 9. Schon der damalige Bundesminister Clement betonte, dass die SE „gerade für kleine und mittlere Unternehmen neue und unbürokratische Chancen" böte; Pressemitteilung des Bundesministeriums der Justiz vom 28.12.2004.

10 *Bayer/Schmidt*, AnwBl 2008, 327; zur Frage der dualistischen oder monistischen Organisationsverfassung s. unten S. VI.4.

infolge der Expansion zu einer Änderung bei der Mitbestimmung[11] kommt, also ein mitbestimmter Aufsichtsrat entweder neu errichtet werden oder nach den Grundsätzen des Beteiligungsgesetzes paritätisch (statt wie bisher bei weniger als 2000 Mitarbeitern drittelparitätisch) besetzt werden müsste. Um die Expansion nicht unnötig zu verzögern, soll die Umsetzung des einmal gefassten Plans zügig erfolgen.

## II. Gestaltungsüberlegungen

### *1. Ausländische Gesellschaftsform*

Bevor man sich der Gründung einer SE zuwendet, kommen auch andere Gestaltungen in Betracht, so insbesondere die seit den EuGH-Entscheidungen[12] „Centros", „Überseering" und „Inspire Art" bekannt und – mit kritischer Begleitmusik[13] und auch objektiv fragwürdigem Erfolg[14] – beliebt gewordene englische „Limited". Auch auf solche EU-Auslandsgesellschaften, die ihren tatsächlichen Verwaltungssitz nach Deutschland verlegen und nach der zitierten Rechtsprechung weiterhin „als solche", also insbesondere als haftungsbeschränkte Gesellschaftsformen im Rechtsverkehr anzuerkennen sind, findet deutsches Mitbestimmungsrecht keine Anwendung.[15] Es gibt folgerichtig durchaus auch bekannte „deutsche"

---

11 Mitbestimmung meint hier die „unternehmerische" Mitbestimmung eines anteilig mit Arbeitnehmervertretern besetzten Aufsichtsorgans, nicht die „betriebliche" Mitbestimmung durch Einrichtung eines Betriebsrats. Letzteres hängt allein vom Bestehen eines Betriebes in Deutschland ab, ist also von der Rechtsform des Unternehmens unabhängig.

12 EuGH v. 9.3.1999 – Rs. C 212/97 *Centros*, Slg. 1999, I-01459; EuGH v. 5.11.2002 – Rs. C 208/00 *Überseering*, Slg. 2002, I-09919; EuGH v. 30.9.2003, Rs. C 167/01 *Inspire Art*, Slg. 2003, I-10155.

13 *Happ/Holler*, „Limited" statt GmbH? Risiken und Kosten werden gern verschwiegen, DStR 2004, 730; *Ebert/Levedag*, Die zugezogene „private company limited by shares (Ltd.)" nach dem Recht von England und Wales als Rechtsformalternative für in- und ausländische Investoren in Deutschland, GmbHR 2003, 1337; *Maul/Schmidt*, Inspire Art – Quo vadis Sitztheorie?, BB 2003, 2297.

14 Wie die Praxis zeigt, hat die Einführung der UG haftungsbeschränkt nach dem MoMiG zu einem Rückgang der Limited-Neugründungen geführt.

15 *Just*, Die englische Limited in der Praxis (2. Aufl. 2006), V.9 Rn. 197 ff. m.w.Nw; *Behme*, Die Mitbestimmung der Arbeitnehmer bei der britischen Limited mit Verwaltungssitz in Deutschland, ZIP 2008, 351, 354; anders voraussichtlich bei der künftigen supranationalen Rechtsform der europäischen Privatgesellschaft

Unternehmen, die bei näherer Betrachtung eine Limited, eine PLC oder, ebenfalls zulässig, eine Limited- bzw. PLC & Co. KG sind.[16]

Gegen eine solche Rechtsformwahl spricht der Mehraufwand in der laufenden Verwaltung und das je nach Branchenumfeld eher negative Image: Wieso sollte man aus einer im Markt bekannten AG oder GmbH eine Limited machen? Wie kommuniziert man das gegenüber den Mitarbeitern? Vielleicht wichtiger noch als Marktumfeld und Mitarbeiter: Wie reagieren die finanzierenden Kreditinstitute?[17]

Die Gestaltung mittels einer Limited soll hier nicht schlecht geredet werden. Der Befund, dass ihrer Nutzung subjektive und objektive Bedenken auch und gerade im Mittelstand entgegenstehen, dürfte aber zutreffend sein.

## *2. Personengesellschaft*

Die im deutschen Mittelstand vorherrschenden haftungsbeschränkten Gesellschaftsformen sind die GmbH und die GmbH & Co KG; Aktiengesellschaften sind eher die Ausnahme. Ist ein Unternehmen nicht (mehr) als Einzelkaufmann oder als OHG aufgestellt, so hat dies in aller Regel den Wunsch nach einer Haftungsbegrenzung zum Hintergrund. Diese Haftungsbegrenzung ist in Deutschland in der Regel verbunden mit der Pflicht zur Errichtung eines mitbestimmten Aufsichtsrats, wenn die Schwellenwerte des DrittelbeteiligungsG (insbes. bei der GmbH) oder des Mitbestimmungsgesetzes (insbes. bei der GmbH, ggf. bei der GmbH & Co. KG) überschritten werden. Im letzten Fall ist auch die häufige beteiligungsgleiche[18] GmbH & Co KG gemäß § 4 MitbestG mitbestimmt, so dass bei der

(Societas Privata Europeae, SPE). Nach Art. 34 Abs. 1 des Vorschlags der europäischen Kommission zur SPE-VO richten sich die Erforderlichkeit und Form der Arbeitnehmermitbestimmung nach den Regeln des Mitgliedstaates in dem die Gesellschaft eingetragen ist. Wenn der eingetragene Sitz in einen anderen Mitgliedsstaat verlegt wird, unterliegt die SPE hinsichtlich der Arbeitnehmermitbestimmung grundsätzlich dem dortigen nationalen Recht, Art. 38 Abs. 1 SPE-VO; vgl. http:// ec.europa.eu/internal_market/company/docs/epc/proposal_de.pdf.

16 Air Berlin, Müller Drogeriemärkte.

17 Nach unserer Erfahrung setzen Kreditinstitute bei Neugründungen von Limiteds ein höheres Ausfallrisiko und damit ein größeres Sicherheitenbedürfnis als bei deutschen Rechtsformen an. Ob das auch bei einer „Umwandlung" eines laufenden Unternehmens in eine solche Rechtsform so ist, dürfte sich nicht generell, sondern nur im Einzelfall beantworten lassen.

18 Mehrheitsidentität zwischen den Kommanditisten der KG und der Mehrheit in der Komplementärkapitalgesellschaft; es kann sich um eine Stimm- oder eine Anteilsmehrheit handeln.

Komplementär GmbH ein mitbestimmter Aufsichtsrat zu errichten ist. Der Weg aus der Mitbestimmung ist daher bei Beibehaltung einer deutschen Gesellschaftsform bei mehr als 2000 Arbeitnehmern häufig auch der Weg aus der Haftungsbegrenzung.[19] Gerade familiär geführte Unternehmen, womöglich vor einem nicht allzu fernen Übergang in die nächste Generation, haben gute Gründe, auf eine Haftungsbegrenzung nicht verzichten zu wollen. Daher ist die Personengesellschaft oft keine Option.

### *3. Stiftung*

Die unternehmerische Stiftung ist ein Modell, etwa in Gestalt der Stiftung & Co KG, das in letzter Zeit ebenfalls bekannter geworden ist. Auch hierfür sind prominente Beispiele zu finden.[20] Auch die Stiftung unterfällt nicht der Mitbestimmung.

Allerdings ist die Stiftung keine typische Unternehmensform, was sich insbesondere in ihrer fehlenden Flexibilität und Verkehrsfähigkeit niederschlägt. Die Stiftung hat keinen Inhaber und an ihr gibt es keine Anteile, die man veräußern oder erwerben kann, sondern nur Rechte als Destinatär. Die Stiftung ist ein mit Rechtsfähigkeit ausgestattetes, zweckgebundenes Vermögen. Eine Einflussnahme auf die Geschicke des Unternehmens, dessen Leitung die Stiftung innehat, kann man nicht erwerben. Die Stiftung und ihre innere Organisation ist potentiell „ewig" und von Wünschen der Destinatäre oder von Organmitgliedern unabhängig.

Auch kann die Stiftung, mit Ausnahme einer Ausgliederung aus ihrem Vermögen, nicht Partei von Umwandlungsvorgängen nach dem Umwandlungsgesetz sein. Die Stiftung ist daher als Unternehmensträger eher weniger geeignet. Gegenüber einer GmbH oder AG stellt sie einen erheblichen Strukturwechsel dar, der in der Regel nicht gewünscht sein wird. Sofern eine Stiftung selbst nicht als Unternehmensträger, sondern nur als Beteiligungs-Holding tätig wäre, würde sich wiederum auf der Ebene der Beteiligungen die Frage der Anwendbarkeit der Mitbestimmungsnormen stellen.[21]

---

19 Solange man sich nicht des unseriösen „Strohmann"-Modells bedient, bei dem eine vermögens- und einkommenslose Person ohne festen (deutschen) Wohnsitz als Vollhafter eingesetzt wird, muss man als Unternehmer regelmäßig bereit sein, persönlich zu haften.

20 Lidl & Schwarz Stiftung & Co KG, Diehl Stiftung & Co KG, Fiege Stiftung & Co KG.

21 Natürlich kann eine Stiftung ihrerseits Gesellschafter eines Unternehmens sein (z. B. die Krupp-Stiftung). Dann ist allerdings dieses Unternehmen selbst

### *4. Konzernumbau*

Der Obergesellschaft eines Konzerns werden alle Mitarbeiter der beherrschten[22] Konzerngesellschaften über § 2 DrittelbG beziehungsweise § 5 MitbestG zugerechnet. Um eine solche Zurechnung zu vermeiden, kommt ein Konzernumbau hin zu einem Gleichordnungskonzern in Betracht. Voraussetzung für einen Gleichordnungskonzern ist, dass die Konzernunternehmen voneinander unabhängig sind und dass keine Abhängigkeit der Konzernunternehmen von der Konzernspitze besteht.[23] Dies bedeutet, dass insbesondere ein zur Konzernleitung berufenes Leitungsorgan keine Herrschaftsmacht ausüben darf. Demzufolge ist bei einem solchen Konzernumbau erforderlich, dass alle Konzernunternehmen gegenseitige Mehrheitsbeteiligungen aufgeben. Zudem muss zum Beispiel durch Abschluss eines Gleichordnungsvertrages eine einheitliche Leitung hergestellt werden,[24] es kann ein Konzernleitungsorgan geschaffen werden. Dieses Leitungsorgan darf jedoch nur eine Koordinationsfunktion ausüben; die Konzernleitung muss in den Händen der gleichgeordneten Konzernunternehmen selbst liegen.[25]

Bei einer derartigen Umstrukturierung muss schon per definitionem ein Großteil der zentralen Leitungsmacht verloren gehen. Da ein einheitlicher Kurs des Konzerns nach einem solchen Umbau wesentlich schwerer zu gewährleisten ist, dürfte ein derartiges Vorgehen, alleine um eine Mitbestimmung der Arbeitnehmer zu vermeiden, nicht angezeigt sein.

Neben den vorgenannten Varianten kommt die SE als Gestaltung in Betracht. Diese wird nachfolgend unter III. zunächst hinsichtlich der auf sie anzuwendenden Normen und der Gründungsmöglichkeiten dargestellt, bevor unter IV. und V. auf spezifische arbeits- und gesellschaftsrechtliche Fragestellungen eingegangen wird.

---

in aller Regel eine Kapitalgesellschaft (z. B. ThyssenKrupp AG) und nicht per se mitbestimmungsfrei.

22 Nach § 2 Abs. 2 DrittelbG setzt eine Beherrschung voraus, dass zwischen den Unternehmen ein Beherrschungsvertrag besteht oder dass das abhängige Unternehmen in das herrschende Unternehmen eingegliedert (§ 319 AktG) ist.

23 Münchener Kommentar-*Bayer*, AktG (3. Aufl. 2008), § 18 AktG Rn. 56f.

24 Baumbach/Hueck-*Zöllner*, GmbHG (18. Aufl. 2006), Die GmbH im Unternehmensverbund, Rn. 28.

25 Münchener Kommentar-*Bayer* (Fn. 23), § 18 AktG Rn. 52f.

## III. Die SE

### *1. Das auf eine deutsche SE anwendbare Recht*

Ziel der Gestaltung in unserem Beispielsfall soll nicht der „Wegzug"[26] der deutschen Gesellschaft, weder mit ihrem tatsächlichen Verwaltungssitz noch mit ihrem Satzungssitz[27], aus Deutschland sein. Die SE soll also eine SE in Deutschland sein, eine „deutsche" SE. Auf eine SE in der Gründungsphase ist gem. Art. 15 Abs. 1 SE-VO das Recht des Staates anwendbar, in dem die SE ihren Sitz begründet.[28] Das heißt, dass in unserem Beispielsfall (s. I.3.) für die Gründung einer SE mit Sitz in Deutschland „deutsches SE-Recht" anwendbar ist. Die maßgeblichen Normen sind also (in der Reihenfolge der Normenhierarchie) die europäischen SE-VO[29], die daneben für die Fragen der Arbeitnehmerbeteiligung maßgebliche euro-

26 Wird unter Beteiligung einer deutschen Gesellschaft eine SE mit Sitz im Ausland gegründet, gelten besondere Schutzvorschriften für Gläubiger (z. B. bei Verschmelzung Art. 24 SE-VO, §§ 8, 13 SEBG) und Minderheitsaktionäre (z. B. bei Verschmelzung Art. 24 SE-VO, §§ 6, 7 SEAG; bei Gründung einer Holding-SE Art. 35 SE-VO, §§ 9, 11 SEAG). Gem. §§ 8, 13 SEAG können die Gläubiger z. B. bereits vor dem Wirksamwerden der Verschmelzung von der inländischen Gründungsgesellschaft Sicherheitsleistung verlangen, vgl. Lutter/Hommelhoff-*Oetker* (Fn. 1), Art. 24 SE-VO Rn. 11 ff. Nach § 7 SEAG haben die Aktionäre einer deutschen übertragenden Gesellschaft ein Recht auf Ausscheiden gegen Barabfindung, wenn die künftige SE im Ausland sitzt, vgl. Lutter/Hommelhoff-*Oetker* (Fn. 1), Art. 24 SE-VO Rn. 45 ff.

27 Seit Inkrafttreten des MoMiG können GmbHs und AGs ihren tatsächlichen Verwaltungssitz an einen anderen Ort als dem Registersitz haben. Der tatsächliche Verwaltungssitz kann dabei auch im Ausland liegen. Eine Verlegung des Satzungssitzes, also eine Eintragung einer GmbH (AG) „als solche" in einem französischen Register unter Löschung im deutsche Register führt nach deutschem Recht zur Auflösung der GmbH (AG). Die SE hingegen kann identitätswahrend ihren Satzungssitz (und mit diesem den tatsächlichen Verwaltungssitz, ein Auseinanderfallen ist hier nach der SE-VO nicht gestattet) innerhalb Europas verlegen. Trotz Identität des Rechtsträgers ändert sich in einem solchen Fall der grenzüberschreitenden Sitzverlegung allerdings das anwendbare Recht infolge des Verweises auf das nationale Aktienrecht des Sitzstaates. Aus einer „deutschen" SE wird also beispielsweise eine „französische" SE.

28 Van Hulle/Maul/Drinhausen-*Maul*, Handbuch zur Europäischen Gesellschaft (SE) (2007), S. 44.

29 Verordnung (EG) Nr. 2157/2001 des Rates v. 8.10.2001 über das Statut der Europäischen Gesellschaft (SE), ABl. 2001 L 294.

päische Richtlinie[30], das (gesellschaftsrechtliche) deutsche Ausführungsgesetz („SEAG")[31] zur Umsetzung der SE-VO, und das (arbeitsrechtliche) deutsche Gesetz zur Ausgestaltung der Richtlinie („SEBG")[32]. Kraft Verweisung aus der SE-VO auf das jeweilige nationale Recht des Sitzstaates[33] sind zudem für die Gründung das deutsche Umwandlungs- und Aktienrecht und für die innere Organisation der SE ebenfalls das deutsche Aktienrecht anwendbar.

## *2. Die Gestaltung der Organisationsstruktur*

Die „deutsche" SE ist in ihrer inneren Organisation wie eine AG oder annähernd wie eine GmbH gestaltbar. Zwar ist das deutsche AG-Recht anwendbar und nicht das GmbH-Recht. Indes kann die SE sich eine – später noch beschriebene[34] – „monistische" Leitungsstruktur geben, die im Einzelfall eher einer GmbH vergleichbar sein kann. Gegenüber einer AG gelten für die SE einige wenige zwingende Sonderregelungen, die augenfälligste beim Grundkapital, das mindestens 120.000 Euro betragen muss.[35]

## *3. Die Gründungsvarianten*

Eine SE kann auf vier verschiedenen Wegen[36] gegründet werden, die aber allesamt auf bestehenden Gesellschaften als Gründern aufbauen. Eine Neugründung im engeren Sinne, also als Bar- oder Sachgründung durch natürliche Personen, ohne dass diese bereits bestehende Gesellschaften

---

30 Richtlinie 2001/86/EG des Rates v. 8.10.2001 zur Ergänzung des Statuts der Europäischen Gesellschaft hinsichtlich der Beteiligung der Arbeitnehmer, *ABl. 2001 L 294.*

31 Art. 1 des Gesetzes zur Einführung der Europäischen Gesellschaft (SEEG) v. 22.12.2004, BGBl. I 2004, 3675.

32 Art. 2 des SEEG v. 22.12.2004, BGBl. I 2004, 3686.

33 *Spitzbart*, Die Europäische Aktiengesellschaft (Societas Europaea – SE) – Aufbau der SE und Gründung, RNotZ 2006, 369, 372 f.

34 S. unten VI.4.

35 Zur Finanzverfassung der SE im Vergleich mit der Aktiengesellschaft siehe *Koke*, Die Finanzverfassung der Europäischen Aktiengesellschaft (SE) mit Sitz in Deutschland (2005).

36 Neben diesen vier „primären" Gründungsarten gibt es noch eine sekundäre, also von einer bestehenden SE ausgehende, Gründung (s. unten III. 3. e)).

zumindest einbringen, ist nicht möglich.[37] Zudem ist ein grenzüberschreitendes, europäisches Element erforderlich, das aber bei den verschiedenen Gründungsformen unterschiedlich stark ausgeprägt ist.

### *a) Formwechsel*

Eine deutsche AG[38] kann im Wege des Formwechsels zur SE werden. Sie muss dazu als europäischen Bezug seit mindestens zwei Jahren[39] eine Tochtergesellschaft nach dem Recht eines anderen Mitgliedsstaates haben. Es ist aber keine 100 % Tochtergesellschaft erforderlich, vielmehr genügt durch Stimmrechte oder auf andere Weise vermittelter „bestimmender Einfluss".[40] Auch das Bestehen einer (Ur-)Enkelgesellschaft ist als Auslandsbezug ausreichend, wenn die deutsche AG die Enkelgesellschaft beherrscht.[41]

Der Formwechsel ist mithin unmittelbar nur eine Option für Aktiengesellschaften und hinsichtlich der Voraussetzung der ausländischen Tochtergesellschaft strenger als die anderen Gründungsvarianten. Für den Mit-

---

37 Vgl. *Wicke*, Die Europäische Aktiengesellschaft, MittBayNot 2006, 196, 197; *Spitzbart*, RNotZ 2006, 369. Existiert bereits eine SE, kann diese wiederum eine Tochter- SE gründen. Dieser Vorgang ist aber für die hier interessierende Fragestellung nicht relevant.

38 Diese Gründungsoption besteht für andere Rechtsformen nicht, auch nicht für die im Mittelstand verbreitete GmbH. Eine solche wäre zunächst nach den Vorschriften des deutschen Umwandlungsgesetzes in eine AG formwechselnd umzuwandeln. Die dadurch entstandene AG könnte sodann in eine SE umgewandelt werden.

39 Jannott/Frodermann-*Jannott* (Fn. 1), 3. Kapitel Rn. 18, 2 Jahre gerechnet ab Errichtung der Tochtergesellschaft bis zur Anmeldung der Tochter-SE zur Eintragung im Register. Dies kann allerdings fragwürdig sein und sollte vorab mit dem Register der formwechselnden Gesellschaft abgeklärt werden, bevor man erste (wahrnehmbare, also über den Kreis der Gesellschafter und der Unternehmensleitung hinausgehende) Schritte unternimmt. Für diese Anknüpfung an den Eintragungsantrag spricht allerdings der Vergleich mit dem Wortlaut zur Holding- SE: Dort kann die Gründung erst „angestrebt" werden, wenn seit mindestens 2 Jahren der Auslandsbezug besteht, vgl. zur Holding- SE auch Münchener Kommentar-*Oechsler*, AktG (2. Aufl. 2006), Art. 2 SE-VO Rn 34.

40 Jannott/Frodermann-*Jannott* (Fn. 1), 3. Kapitel Rn. 18.

41 Van Hulle/Maul/Drinhausen-*Drinhausen* (Fn. 28), S. 107; *Seibt/Reinhard*, Umwandlung der Aktiengesellschaft in die Europäische Gesellschaft, Der Konzern 2005, 407, 410; Lutter/Hommelhoff-*Seibt* (Fn. 1), Art. 37 SE-VO Rn. 15; a. A. Janott/Frodermann-*Janott* (Fn. 1), 3. Kapitel Rn. 17 Fn. 40, der mit dem Wortlaut „Tochtergesellschaft" argumentiert.

telstand wird dieser Gründungsweg daher oft nicht ohne Weiteres in Betracht kommen.

Auch für die eingangs beschriebene Beispielsgesellschaft[42] kommt, auch in der Rechtsform der AG, die Umwandlung in eine SE durch Formwechsel nicht in Betracht, da sie keine ausländische, europäische Tochtergesellschaft hat, sondern nur Niederlassungen.

Die Durchführung eines Formwechsels zur SE ist zudem von einigen gesellschaftsrechtlichen Unsicherheiten gekennzeichnet, da die SE-VO zum Beispiel keine Angaben zum notwendigen Inhalt und zur Form des Umwandlungsplans macht.[43] Auch ist es zwar herrschende Meinung, aber nicht unumstritten, dass auf die Erstellung eines Umwandlungsberichts verzichtet werden kann.[44]

Beim Formwechsel ist gemäß Art. 37 Abs. 6 SE-VO die Einholung einer Sachverständigen-Bescheinigung über das Vorhandensein des Nettovermögens in Höhe des Grundkapitals und der nicht ausschüttungsfähigen Rücklagen vorgeschrieben. Wiederum streitig ist, ob es daneben auch einer Gründungsprüfung nebst -bericht bedarf.[45]

---

42 Vgl. I.3.

43 Die Kommentatoren behelfen sich daher mit der Empfehlung der analogen teilweisen Anwendung des Art. 20 SE-VO über den Inhalt des SE- Verschmelzungsplans, aus Vorsichtsgründen ergänzt um die analoge teilweise Anwendung auch des § 194 UmwG, vgl. Van Hulle/Maul/Drinhausen-*Drinhausen* (Fn. 28), S. 108. Umstritten und damit unsicher ist, ob auch die Satzung der künftigen SE und der Umwandlungsbericht Teil des Umwandlungsplans sein sollen. Auch hier hilft entweder eine Abstimmung mit dem zuständigen Register oder die vorsorgliche Aufnahme aller Bestandteile, die in der Literatur als notwendig angesehen werden. Ebenfalls umstritten ist die Frage der Beurkundungsbedürftigkeit des Umwandlungsplans, vgl. die Nachweise bei Van Hulle/Maul/Drinhausen-*Drinhausen* (Fn. 28), S. 109 f. Auch insoweit empfiehlt sich also die Abstimmung mit dem zuständigen Register und falls dieses sich nicht (zügig) äußert, die vorsorgliche Beurkundung.

44 Van Hulle/Maul/Drinhausen-*Drinhausen* (Fn. 28), S. 111 m.w.Nw. Auch hier gilt: Entweder mit dem Register abstimmen oder vorsorglich einen Umwandlungsbericht erstellen. Wenn ein Verzicht für zulässig gehalten wird, dann jedenfalls in notariell beurkundeter Form.

45 Die Notwendigkeit ablehnend: *Seibt/Reinhard*, Der Konzern 2005, 407, 422; *Vossius*, Gründung und Umwandlung der deutschen Europäischen Gesellschaft (SE), ZIP 2005, 741, 747 nimmt in seinen Ablaufplan für die Gründung einen Gründungsbericht mit auf; Van Hulle/Maul/Drinhausen-*Drinhausen* (Fn. 28), S. 112, 115. Der dortigen Empfehlung, auch diesen Punkt mit dem zuständigen Register abzuklären, sollte gefolgt werden. Angesichts der Vielzahl umstrittener Fragen wird es vorteilhaft sein, auf einen Registerrichter zu treffen,

Dem Umwandlungsplan ist sodann durch die Aktionäre der umzuwandelnden Aktiengesellschaft mit 3/4- Mehrheit in notariell protokollierter Hauptversammlung zuzustimmen und es ist – ausdrücklich – die Satzung der SE zu genehmigen.

Die weiteren Schritte, zum Beispiel die Bestellung des ersten Aufsichtsrats und des Vorstandes, sowie die Anmeldung beim Handelsregister, werfen im Vergleich zu den anderen Gründungsvarianten keine Sonderfragen auf.

Aus Zeit- und Kostengründen *für* die Umwandlungs-SE spricht, dass die Dokumente (sofern sie nicht für die Arbeitnehmer im Zuge der Bildung und Verhandlung des Besonderen Verhandlungsgremiums übersetzt werden müssen) bei einer deutschen AG nur auf deutsch erstellt werden müssen und dass keine zweistufige Rechtmäßigkeitsprüfung stattfindet, da sich der gesamte Vorgang in Deutschland abspielt.

Die Gründung einer SE durch Formwechsel drängt sich also nicht ohne weiteres auf. Auch sind mehrere Punkte zu beachten, die gegen eine Gründung durch Formwechsel vor dem Hintergrund der Gestaltung der Mitbestimmung sprechen:

Scheitern die nach dem SEBG durchzuführenden Verhandlungen[46] zur Herbeiführung einer einvernehmlichen Lösung über die Arbeitnehmerbeteiligung, richtet sich die Unternehmensmitbestimmung gemäß § 34 SEBG nach der in §§ 35 – 38 SEBG geregelten gesetzlichen Auffanglösung.[47] Im Fall einer durch Umwandlung gegründeten SE bleibt, wenn in der Gesellschaft vor der Umwandlung Bestimmungen über die Mitbestimmung der Arbeitnehmer im Aufsichts- oder Verwaltungsorgan galten (§ 34 Abs. 1 Nr. 1 SEBG), die Regelung zur Mitbestimmung erhalten, die in der Gesellschaft vor der Umwandlung bestanden hat (§ 35 Abs. 1 SEBG i. V. m. Art. 7 Abs. 2 a SE-RL i. V. m. § 34 Abs. 1 Nr. 1 SEBG).

Bestand zum Beispiel bei einer AG mit 2100 Mitarbeitern ein Aufsichtsrat, der mit jeweils sechs Aufsichtsratsmitgliedern der Anteilseigner und Arbeitnehmer besetzt war, so ist auch bei der SE ein paritätisch besetzter Aufsichtsrat zu bilden. Die Hälfte der Mitglieder des SE-Aufsichtsrates müssen also solche der Arbeitnehmer sein. Nach herrschender Meinung muss der *Anteil* der SE-Aufsichtsratsmitglieder der Arbeitnehmer demjenigen der AG-Aufsichtsratsmitglieder der Arbeitnehmer entsprechen.[48] Die

---

bei dem die Freude über eine „Premiere" gegenüber dem Ärger über die Lästigkeit überwiegt oder der schon Erfahrungen mit Umwandlungen zur SE hat.

46 Hierzu siehe unten S. V.2. ff.

47 Siehe auch S. V.6.

48 Ulmer/Habersack/Henssler-*Habersack*, Mitbestimmungsrecht (2. Aufl. 2006), § 35 SEBG Rn. 6; *Müller-Bonanni/Melot de Beauregard*, Mitbestimmung in

*Anzahl* der Arbeitnehmeraufsichtsratsmitglieder muss hingegen nach der Umwandlung nicht gleich bleiben.

Fällt die Anzahl der Mitarbeiter der SE später unter die Schwellenwerte des Drittelbeteiligungs- oder des Mitbestimmungsgesetzes, bleibt es nach herrschender Meinung bei einer paritätischen Besetzung des Aufsichtsrats (solange mit der Veränderung der Mitarbeiterzahl kein korporativer Akt, also kein Vorgang mit gründungsähnlichem Charakter, verbunden ist).[49]

Eine formwechselnde Umwandlung kann aber zum Beispiel bei einer AG mit nur 400 Mitarbeitern helfen, zukünftige Mitbestimmung zu vermeiden. Denn eine SE, deren Aufsichtsrat bei der Gründung mitbestimmungsfrei war, bleibt nach herrschender Meinung auch dann mitbestimmungsfrei, wenn die Schwellenwerte des Drittelbeteiligungs- oder des Mitbestimmungsgesetzes später überschritten werden.[50] Eine etwaig anteilige Besetzung des Aufsichtsrates im Zeitpunkt der Umwandlung wird grundsätzlich „zementiert".

### *b) Holding-SE*

Die Holding-SE wird, wie der Name schon ahnen lässt, als Muttergesellschaft oberhalb von mindestens zwei Gesellschaften im Wege des Anteilstauschs gegründet, so dass die bisherigen Gesellschafter der künftigen Tochter-Gesellschaften nun Gesellschafter der Holding-SE werden und diese die Anteile an den Tochtergesellschaften hält. Da diese Tochtergesellschaften der Holding-SE ihre Rechtsform, ihren Unternehmensinhalt und die von ihnen gehaltenen weiteren Beteiligungen und damit die ihnen im

---

der Societas Europaea, GmbHR 2005, 195, 197; Münchener Kommentar-*Jacobs* (Fn. 39), § 35 SEBG Rn. 8 f.; a. A. Wlotzke/Wissmann/Koberski/Kleinsorge-*Kleinsorge*, Mitbestimmungsrecht (3. Aufl. 2008), S. 787.

49 Lutter/Hommelhoff-*Oetker* (Fn. 1), § 34 SEBG Rn. 6; Münchener Kommentar-*Jacobs* (Fn. 3948), § 18 SEBG Rn. 18; *Müller-Bonanni/Melot de Beauregard*, GmbHR 2005, 195, 198. Zur Strukturänderung i. S. v. § 18 SEBG siehe V.7. Für den Fall des Absinkens der Mitarbeiterzahlen unter die Schwellenwerte des MitbestG/DrittelbG sollte deswegen in der mit dem BVG zu verhandelnden Mitbestimmungsvereinbarung eine Regelung getroffen werden, die für diesen Fall eine Verringerung der Mitbestimmung in der SE vorsieht.

50 Münchener Kommentar-*Jacobs* (Fn. 39), § 18 SEBG Rn. 18; Ulmer/Habersack/Henssler-*Habersack* (Fn. 48), § 35 SEBG Rn. 14; *Henssler*, Bewegung in der deutschen Unternehmensmitbestimmung – Reformdruck durch Internationalisierung der Wirtschaft, RdA 2005, 330, 333 f.; Lutter/Hommelhoff-*Oetker* (Fn. 1), § 34 SEBG Rn. 6; *Brandes*, Mitbestimmungsvermeidung mittels grenzüberschreitender Verschmelzungen, ZIP 2008, 2193, 2194.

Sinne des Mitbestimmungsrechts zuzurechnenden Mitarbeiter behalten, stellt die Holding-SE aus diesem Blickwinkel keine Gestaltungsempfehlung dar.[51]

Sie eignet sich besonders für einen multinationalen „merger of equals“, weil für die Holding eine Rechtsform gewählt werden kann, die in ihrer Grundgestalt europäisch ist und damit den Eindruck zu vermeiden hilft, ein Unternehmen habe das andere „geschluckt“.[52]

Als europäischer Bezug ist erforderlich, dass die gründenden Gesellschaften, AG oder GmbH, entweder nach dem Recht verschiedener Mitgliedsstaaten der EU bestehen (also in der Regel ihren Satzungssitz in verschiedenen Mitgliedsstaaten haben) oder seit mindestens zwei Jahren eine dem Recht eines anderen Mitgliedsstaates unterliegende Tochtergesellschaft oder Zweigniederlassung haben.[53]

### *c) Tochter-SE*

Diese Gründungsvariante ist sozusagen das Spiegelbild zur Holding-SE. Statt einer gemeinsamen Holding-SE, wird eine gemeinsame Tochter-SE gegründet. Gründer können hier Gesellschaften jeder Form (im Sinne des Art. 48 Abs. 2 EGV) und juristische Personen des öffentlichen oder des Privatrechts sein, die einen europäischen Bezug wie bei der Variante der Holding SE haben müssen. Insoweit ist die Gründungsform der Tochter-SE also flexibler.[54]

---

51 Auch die Verschmelzung der Tochtergesellschaft auf die neue Holding-SE ist aus diesem Blickwinkel keine Lösung. Zwar ist eine solche Verschmelzung umwandlungsrechtlich unproblematisch, indes stellt die Verschmelzung auf die Holding-SE dort eine „strukturelle Änderung“ im Sinne des § 18 Abs. 3 SEBG dar. Zu deren Folgen siehe unten S. V.7.

52 Jannott/Frodermann-*Jannott/Frodermann* (Fn. 1), Einleitung Rn. 12.

53 Dieses Erfordernis einer Tochtergesellschaft oder einer Zweigniederlassung müssen mindestens zwei der Gründungsgesellschaften erfüllen; es genügt also nicht, wenn nur eine der Gesellschaften einen entsprechenden Auslandsbezug aufweist, es ist aber auf der anderen Seite bei mehr als zwei Gründungsgesellschaften auch nicht erforderlich, dass sämtliche Gesellschaften den Auslandsbezug aufweisen.

54 Diese Gründungsform wird (neben der unter III. 3. e) dargestellten „sekundären“ Gründung) oft zur Gründung von Vorrats-SEs (s. unten III. 4. a)) verwendet. Hierbei gründen beispielsweise eine Ltd. und eine GmbH eine SE, wobei alle beteiligten Gesellschaften keine Mitarbeiter haben.

Auch vorteilhaft ist im Vergleich, dass Gründungsplan, Gründungsbericht und Gründungsprüfung nicht erforderlich sind.[55] Zu beachten sind indes satzungsmäßige beziehungsweise aus den Grundsätzen der Rechtsprechung oder aus deutschem Gesetzesrecht folgende Voraussetzungen für die Gründung einer Tochtergesellschaft.[56]

Für die Frage der Fortschreibung des Mitbestimmungsmodells ist die Tochter-SE nicht ohne weiteres die passende Antwort. Die bar neu gegründete Tochter-SE hat zunächst keine Arbeitnehmer, sie besteht als Tochtergesellschaft neben den anderen Tochtergesellschaften der Gründergesellschaften. Deren Arbeitnehmer werden also weiterhin den jeweiligen Muttergesellschaften zugerechnet. Allerdings kann die Tochter-SE auch im Wege einer Sachgründung errichtet werden, also auch durch Einbringung von Gesellschaftsanteilen an anderen Tochtergesellschaften der Gründungsgesellschafter oder durch Einbringung des (gesamten) Vermögens (einer) der Muttergesellschaften. Hierbei sind dann die Sachgründungsvorschriften nach dem auf die Tochter-SE anzuwendenden Aktienrecht des Sitzstaates anzuwenden, bei einer in Deutschland gegründeten SE also die §§ 27, 31 ff. AktG.

### *d) Verschmelzung*

Zu einer SE verschmolzen werden können nur Aktiengesellschaften oder SEs. Besteht also eine der zu verschmelzenden Gesellschaften in einer anderen Rechtsform, etwa als GmbH, so muss vor eine Verschmelzung zur SE ein „nationaler" Formwechsel vorgeschaltet werden. Hierbei kann, um spätere Schritte im Rahmen der Verschmelzung zur SE zu vermeiden, bereits das Grundkapital der durch den Formwechsel entstehenden AG auf die erforderliche Mindestsumme von 120.000 Euro angehoben werden. Im Übrigen ist, wie bei den anderen Gründungsvarianten auch, der Mehrstaatenbezug zu gewährleisten, mindestens zwei der beteiligten Gesellschaften müssen also dem Recht verschiedener EU-Mitgliedsstaaten unterliegen.

Die Verschmelzung kann zur Neugründung (zwei oder mehr Gesellschaften werden zu einer neuen SE verschmolzen) oder durch Aufnahme (eine AG wird auf eine andere verschmolzen, die in diesem Vorgang „auto-

---

[55] So Van Hulle/Maul/Drinhausen-*Maul* (Fn. 28), S. 98; *Wicke*, MittBayNot 2006, 196, 200 schlägt als Ersatz für den nicht vorgeschriebenen Gründungsplan ein Joint- Venture- Agreement vor.

[56] Grundsätze der „Gelatine" und „Holzmüller"-Rechtsprechung bei der AG, § 49 GmbHG bei der GmbH, §§ 116 Abs. 2, 164 S. 1 HGB bei Personengesellschaften, Van Hulle/Maul/Drinhausen-*Maul* (Fn. 28), S. 102 f.

matisch" zur SE wird) erfolgen. Die Verschmelzung durch Aufnahme von einer 100%-igen[57] Tochter- auf eine Mutergesellschaft („Tochter-Mutter-Verschmelzung") ist dabei gemäß Art. 31 SE-VO vereinfacht durchzuführen und ist daher ein Gestaltungstipp.

### *e) Sekundärgründung einer SE*

Eine SE kann ferner als 100%-ige Tochter-SE einer bereits bestehenden SE gegründet werden.[58] Die Beteiligung anderer Rechtsträger ist nicht erforderlich, aber auch nicht möglich.[59] Dadurch, dass die Mutter-SE nach erfolgter Gründung Anteile an der Tochter-SE überträgt bzw. vollständig veräußert, kann jedoch eine Beteiligung anderer Gesellschafter erreicht werden. Ein Mehrstaatenbezug ist anders als in den übrigen Gründungsvarianten entbehrlich. Es wurde vom Gesetzgeber für ausreichend erachtet, dass das Mehrstaatlichkeitserfordernis bei der Gründung der Mutter-SE erfüllt war.[60] Das heißt, die Mutter-SE kann als Sitz ihrer Tochtergesellschaft jeden beliebigen Mitgliedstaat wählen, auch den ihres eigenen Sitzes. Die Sekundärgründung einer Tochter-SE kann im Wege der Bar- oder Sachgründung oder im Wege der Ausgliederung nach dem Umwandlungsgesetz erfolgen.[61]

## *4. Schnelle Wege zur SE*

Da die in der SE-VO vorgesehenen Gründungsvoraussetzungen hinsichtlich der Rechtsform der Ausgangsgesellschaft und/oder des EU-Bezugs nicht ohne Weiteres von mittelständischen Unternehmen erfüllt werden, kommen ergänzend folgende Vorgehensweisen in Betracht:

---

57 Manche Staaten, aber nicht Deutschland, haben von der Option Gebrauch gemacht, Vereinfachungen auch bei 90%-igen Tochtergesellschaften zuzulassen.

58 Die Sekundärgründung ist ein häufig gewählter Weg zur Gründung von Vorrats-SEs. Zur Vorrats-SE siehe III.4.a).

59 Lutter/Hommelhoff-*Bayer* (Fn. 1), Art. 3 SE-VO Rn. 7 f; Manz/Mayer/Schröder-*Schröder*, Europäische Aktiengesellschaft (1. Aufl. 2005), Art. 3 SE-VO Rn. 16, 18; Janott/Frodermann-*Janott* (Fn. 1), 3. Kapitel Rn. 26.

60 Manz/Mayer/Schröder-*Schröder* (Fn. 59), Art. 3 SE-VO Rn. 17.

61 So auch Lutter/Hommelhoff-*Bayer* (Fn. 1), Art. 3 SE-VO Rn. 16; *Casper*, Numerus Clausus und Mehrstaatlichkeit bei der SE-Gründung, AG 2007, 97, 104; a. A. Sekundärgründung einer Tochter-SE nur durch Zeichnung von Aktien, *Hirte*, Die Europäische Aktiengesellschaft, NZG 2002, 1, 4; Janott/Frodermann-*Janott* (Fn. 1), 3. Kapitel Rn. 24.

### a) *Erwerb und Verwendung einer Vorrats-SE*

Die Gründung einer arbeitnehmerlosen SE kommt zu verschiedenen Zwecken vor. Die „mannlose" SE kann als Holdinggesellschaft oder Akquisitionsvehikel dienen, sowie insbesondere auch als Vorratsgesellschaft.[62] Nach deutschem Aktienrecht, das über Art. 15 Abs. 1 SE-VO ergänzend auch für die Gründung der SE gilt, ist die Gründung einer Aktiengesellschaft auf Vorrat zulässig, sofern sich die Vorratseigenschaft aus der Bezeichnung des Unternehmensgegenstands ergibt (offene Vorratsgründung).

Die Vorratsgründung ist bei allen Gründungsvarianten der SE theoretisch denkbar.[63] Zweifelhaft ist allein, ob sich aus dem SE-spezifischen Recht Gründe ergeben, die gegen die Zulässigkeit einer Vorrats-SE sprechen.

Hier ist zunächst an den in Art. 2 SE-VO festgesetzten Numerus Clausus der Gründungsformen zu denken. Wie dem nationalen Aktienrecht liegt auch der SE-VO die Annahme zugrunde, dass die zu gründende SE sowie die Gründungsgesellschaften aktive Unternehmensträger sind. Problematisch könnte die Gründung einer Vorrats-SE insoweit sein, als die später erfolgende wirtschaftliche Neugründung, also die Verwendung der Gesellschaft durch Ausstattung mit einem Unternehmen, in der Regel als Sachgründung oder Sachübernahme erfolgt und somit unter keine der in Art. 2 SE-VO genannten Gründungsvarianten fällt.[64] Gleichwohl lässt sich hieraus noch kein Verbot einer Vorratsgründung ableiten; denn nach überwiegender und zutreffender Auffassung sind die Gründungsvoraussetzungen des Art. 2 SE-VO bloß formaler Natur und beinhalten kein materielles Verbot.[65]

Aus mitbestimmungsrechtlicher Sicht könnte Art. 12 Abs. 2 SE-VO der Gründung einer Vorratsgesellschaft entgegenstehen, der die Aufnahme bzw. den Abschluss von Verhandlungen mit dem aus Arbeitnehmern gebildeten besonderen Verhandlungsgremium zum Eintragungserfordernis macht. Hier sind zwei Fallgestaltungen zu unterscheiden: Verfügen weder die zu gründende SE noch die Gründungsgesellschaften über min-

---

62 *Seibt*, Arbeitnehmerlose Societas Europaea, ZIP 2005, 2248.

63 Vgl. ausführlich Münchener Kommentar-*Schäfer* (Fn. 39), Art. 16 SE-VO Rn. 9. Wie bereits ausgeführt ist bei Vorrats-SEs oft die Gründung als Tochter-SE oder Tochtergesellschaft einer SE anzutreffen.

64 *Casper/Schäfer*, Die Vorrats-SE – Zulässigkeit und wirtschaftliche Neugründung, ZIP 2007, 653, 654.

65 Lutter/Hommelhoff-*Bayer* (Fn. 1), Art. 2 SE-VO Rn. 28; Münchener Kommentar-*Schäfer* (Fn. 39), Art. 16 SE-VO Rn. 12. Ausführlich zur Auslegung des Art. 2 SE-VO Münchener Kommentar-*Oechsler* (Fn. 39), Art. 2 SE-VO Rn. 3 und 4.

destens 10 Arbeitnehmer,[66] so kann ein besonderes Verhandlungsgremium nicht gebildet und eine Vereinbarung nicht geschlossen werden. Aus teleologischen Gründen kann hier auf die Durchführung eines Verhandlungsverfahrens verzichtet werden: Wo keine Arbeitnehmer existieren, darf die Eintragung der Gesellschaft nicht an der Nichteinhaltung von Vorschriften zum Schutz der Arbeitnehmer scheitern.[67] Vielmehr können die Eintragungsvoraussetzungen des Art. 12 SE-VO durch Vorlage entsprechender Negativerklärungen der Gründungsgesellschaften erfüllt werden.[68]

Beschäftigt dagegen zumindest eine der Gründungsgesellschaften 10 oder mehr Arbeitnehmer, so kann aus diesen ein besonderes Verhandlungsgremium gebildet werden, das mit den Leitungen der Gründungsgesellschaften verhandelt. Dass die SE selbst keine Arbeitnehmer beschäftigen will, ist unerheblich, da die Regeln über das mitbestimmungsrechtliche Beteiligungsverfahren auch zu Gunsten der Arbeitnehmer der Gründungsgesellschaften bestehen.[69] Ebenfalls ohne Belang ist die Frage, ob die Arbeitnehmer beschäftigende Gründungsgesellschaft der Mitbestimmung unterliegt.[70]

Erkennt man also mit der Rechtsprechung[71] und dem herrschenden Schrifttum die Zulässigkeit einer Vorrats-SE an, so ergeben sich daraus Folgeprobleme.

Fraglich ist zunächst, inwieweit das Gründungsrecht zum Schutz der Gesellschaftsgläubiger auf die wirtschaftliche Neugründung zur Anwendung kommen muss. Die von der Rechtsprechung entwickelten Grundsätze über die wirtschaftliche Neugründung einer Gesellschaft[72] sind auf

---

66 Aus § 5 Abs. 1 SEBG folgt, dass das besondere Verhandlungsgremium aus mindestens 10 Arbeitnehmern zusammengesetzt ist; Münchener Kommentar-*Jacobs* (Fn. 39), § 5 SEBG Rn. 2; vgl. dazu auch die Ausführungen bei Manz/Mayer/Schröder-*Hennings* (Fn. 59), Art. 3 SE-RL Rn. 7; s. auch ausführlich zum BVG unten S. V.2 ff.

67 *Casper*, AG 2007, 97, 100; Jannott/Frodermann-*Kienast* (Fn. 1), 13. Kapitel Rn. 212; dagegen aber *Blanke*, Europäische Aktiengesellschaft ohne Arbeitnehmerbeteiligung?, ZIP 2006, 789, 790.

68 AG Düsseldorf ZIP 2006, 287; bestätigend OLG Düsseldorf ZIP 2009, 918.

69 *Seibt*, ZIP 2005, 2248.

70 LG Hamburg ZIP 2005, 2017.

71 OLG Düsseldorf ZIP 2009, 918. Auch AG Düsseldorf ZIP 2006, 287 und LG Hamburg ZIP 2005, 2017 gehen von der grundsätzlichen Zulässigkeit einer Vorratsgründung aus.

72 Grundlegend BGHZ 153, 158.

die Vorrats-SE übertragbar.[73] Das Registergericht hat also die Einhaltung der Kapitalaufbringungsvorschriften bei Eintragung der mit der Neugründung zusammenhängenden Änderungen zu prüfen.[74] Die überwiegende Auffassung in der Literatur bejaht eine Handelndenhaftung analog Art. 16 Abs. 2 SE-VO für Verbindlichkeiten, die zwischen der Aufnahme der unternehmerischen Tätigkeit und der Eintragung der satzungsändernden Beschlüsse begründet wurden.[75]

Die Eintragung der mit der wirtschaftlichen Neugründung verbundenen Änderungen soll zudem analog Art. 12 Abs 2 SE-VO vom Nachweis des Beteiligungsverfahren abhängig gemacht werden.[76] Dies folgt allerdings nicht aus den von der Rechtsprechung entwickelten Grundsätzen zur wirtschaftlichen Neugründung: Diese sind auf den Schutz der Gesellschaftsgläubiger, insbesondere die effektive Aufbringung des Grundkapitals ausgerichtet. Sonstige Schutzinteressen, zu denen auch die Beteiligungsrechte der Arbeitnehmer gehören, bleiben dabei unberücksichtigt[77] und dürfen somit nicht zur Eintragungsvoraussetzung gemacht werden.

Eine (Wieder-) Aufnahme von Verhandlungen über die Beteiligungsrechte der Arbeitnehmer ist gemäß § 18 Abs. 3 SEBG nur für den Fall einer strukturellen Änderung der SE vorgesehen. Hierunter sind lediglich korporative Akte von erheblichem Gewicht zu verstehen, nicht jedoch das quantitative Anwachsen der Belegschaft.[78] Folge dieses Verständnisses des § 18 Abs. 3 SEBG ist, dass ein Beteiligungsverfahren weder bei der Gründung der SE noch bei der anschließenden wirtschaftlichen Neugründung erfolgt.[79] Zwar steht dieses Ergebnis unter dem Vorbehalt der Missbrauchs-

---

[73] Dafür Lutter/Hommelhoff-*Bayer* (Fn. 1), Art. 2 SE-VO Rn. 29; Münchener Kommentar-*Schäfer* (Fn. 39), Art. 16 SE-VO Rn. 10.

[74] *Seibt*, ZIP 2005, 2248, 2251; Münchener Kommentar-*Doralt/Diregger* (Fn. 23), § 3 AktG Rn. 18.

[75] *Casper/Schäfer*, ZIP 2007, 653, 657 f.; Lutter/Hommelhoff-*Bayer* (Fn. 1), Art. 2 SE-VO Rn. 29; Münchener Kommentar-*Schäfer* (Fn. 39), Art. 16 SE-VO Rn. 11.

[76] Münchener Kommentar-*Schäfer* (Fn. 39), Art. 16 SE-VO Rn. 13. Zu der problematischen Frage des richtigen Zeitpunkts für die (Neu-) Verhandlung *Casper/Schäfer*, ZIP 2007, 653, 660.

[77] *Casper/Schäfer*, ZIP 2007, 653, 655.

[78] *Seibt*, Privatautonome Mitbestimmungsvereinbarungen – Rechtliche Grundlagen und Praxishinweise, AG 2005, 413, 427. Abschließend, vor allem durch Rechtsprechung, ist dies allerdings noch nicht geklärt. Siehe auch unten unter V.7.

[79] Vgl. *Seibt*, ZIP 2005, 2248, 2250.

kontrolle nach § 43 SEBG,[80] jedoch kann bei einer Vorratsgründung mit anschließender Aktivierung ein Missbrauch nicht ohne weiteres angenommen werden. Die aktuelle Rechtsprechung[81] folgt allerdings der vordringenden Ansicht einer analogen Anwendung des § 18 Abs. 3 SEBG, nach der das Arbeitnehmerbeteiligungsvefahren im Zeitpunkt der Aufnahme einer wirtschaftlichen Tätigkeit nachzuholen ist.[82] Zur Begründung wird auf das in Art. 11 SE-RL festgesetzte Ziel der Verhinderung eines Missbrauchs verwiesen.[83]

Hiergegen spricht jedoch, dass § 18 SEBG eine Ausnahme zu dem Grundsatz darstellt, dass Verhandlungen zwischen dem BVG und den Leitungen vor der Gründung zu führen sind. Als Ausnahmevorschrift ist § 18 Abs. 3 SEBG daher nicht analogiefähig. Jedenfalls dann, wenn trotz Aktivierung der Gesellschaft weiterhin keine Arbeitnehmer beschäftigt werden (etwa im Fall einer Komplementär-SE in einer SE & Co KG oder einer bloßen (Finanz-)Holding), kann ein nachgeholtes Beteiligungsverfahren nicht erforderlich sein. Trotz dieser Gegenargumente ist mit einer Verfestigung der Rechtsprechung zugunsten einer analogen Anwendung des § 18 Abs. 3 SEBG zu rechnen.

Zusammenfassend bleibt festzuhalten, dass die Gründung einer Vorrats-SE zulässig und in der Praxis häufig ist.[84] Ein Zeit- und Kostenvorteil ergibt sich in erster Linie dann, wenn ein Arbeitnehmerbeteiligungsverfahren vermieden werden kann. Dieser Vorteil besteht nicht, wenn sich die Befürwortung eines nachzuholenden Beteiligungsverfahrens analog § 18 Abs. 3 SEBG in der Rechtsprechung verfestigt. Ein weiterer Gestaltungsvorteil ergibt sich für den Fall, dass aus einer GmbH eine SE werden soll:

---

80 *Casper/Schäfer*, ZIP 2007, 653, 658; dagegen wohl *Seibt*, ZIP 2005, 2248, 2250, der § 18 Abs. 3 SEBG für abschließend und einen Rückgriff auf die allgemeine Missbrauchsvorschrift des § 43 SEBG für unzulässig hält.

81 OLG Düsseldorf ZIP 2009, 918.

82 Dafür Münchener Kommentar-*Schäfer* (Fn. 39), Art. 16 SE-VO Rn. 13; *Noack*, Zur Auslegung von EGV 2157/2001 Art 12 Abs 2, EWiR 2005, 905, 906; *Casper/Schäfer*, ZIP 2007, 653, 658 f. mit ausführlicher Begründung der Analogie. Für eine Nachholung des Beteiligungsverfahrens auch Lutter/Hommelhoff-*Oetker* (Fn. 1), § 1 SEBG Rn. 10. *Schubert*, Die Arbeitnehmerbeteiligung bei der Europäischen Gesellschaft ohne Arbeitnehmer, ZESAR 2006, 340, 343 ff. befürwortet dagegen ein Eingreifen der gesetzlichen Mitbestimmungsregeln nach den §§ 34 ff. SEBG.

83 OLG Düsseldorf ZIP 2009, 918.

84 Wie die Ergebnisse der im Auftrag der EU-Kommission durchgeführten Studie (Fn. 5) zeigen, sind knapp 38 % aller SEs Vorrats-SEs.

Hier kann die GmbH auf die zuvor erworbene Vorrats-SE verschmolzen werden, ohne dass zunächst die Umwandlung in eine AG erforderlich ist.[85]

### *b) Verschmelzung einer neu gegründeten ausländischen Tochter-AG auf die deutsche Mutter-AG*

Grundsätzlich ist Gründungsvoraussetzung einer SE ein seit längerem bestehender Auslandsbezug der deutschen Ausgangsgesellschaft. Dieser kann, wie vorstehend bei den einzelnen Gründungsvarianten dargestellt, durch eine Tochtergesellschaft oder eine Niederlassung im Ausland vermittelt sein, die seit mindestens zwei Jahren besteht. Doch keine Regel ohne Ausnahme: Die Gründung einer SE durch Verschmelzung setzt nur voraus, dass zwei Gesellschaften miteinander verschmolzen werden, die dem Recht verschiedener Mitgliedsstaaten unterliegen. Wie lange diese Gesellschaften im Zeitpunkt der Verschmelzung bereits bestehen und ob es sich um „nah verwandte" Gesellschaften handelt, also insbesondere Mutter- und Tochtergesellschaften oder Schwestergesellschaften, ist unerheblich.[86] Im Ergebnis kann also die deutsche Aktiengesellschaft eine Tochtergesellschaft im Ausland gründen und diese sodann zeitnah auf sich verschmelzen.[87] Es kann also zum Beispiel eine Auslandsgesellschaft in Österreich gegründet oder eine Vorrats-AG erworben und diese sodann auf eine deutsche AG (die dabei zur SE wird) verschmolzen werden, so dass sich auch dabei, wie bei einer Umwandlungs-SE, keine Sprachprobleme ergeben.[88]

---

85 Diese Verschmelzung ist allerdings – wenn die GmbH mitbestimmungspflichtig ist – eine strukturelle Änderung i.S.v. § 18 Abs. 3 S.1 SEBG bei der bisherigen Vorrats-SE und führt mithin zu der Verpflichtung, das Beteiligungsverfahren im Zuge dieser Verschmelzung durchzuführen.

86 Allerdings ist für die übernehmende deutsche AG zu beachten, dass auf diese gemäß Art. 18 SE-VO i.V.m. § 67 UmwG die Nachgründungsvorschriften des § 52 AktG Anwendung finden, wenn der Verschmelzungsplan vor Ablauf von 2 Jahren seit der Registereintragung der übernehmenden AG (oder zumindest der GmbH, aus der die AG formwechselnd umgewandelt wurde) geschlossen wird.

87 Zur Möglichkeit der Mutter- Tochter- Verschmelzung siehe Münchener Kommentar-*Schäfer* (Fn. 39), Art. 17 SE-VO Rn. 8; für die Verschmelzung mit einer Vorrats- SE u. a. Spahlinger/Wegen-*Wendt*, Internationales Gesellschaftsrecht in der Praxis, Rn. 936 und *Klein*, Grenzüberschreitende Verschmelzung von Kapitalgesellschaften, RNotZ 2007, 565, 568.

88 Es bestehen zwar Unterschiede zwischen „Amtsdeutsch" und „Amtsösterreichisch", aber keine Unterschiede bei den einzureichenden Dokumenten, insbesondere dem Verschmelzungsplan und der Satzung der künftigen SE. Ein ähnli-

## IV. Die Umsetzung

### *1. Der Zeitplan*

#### *a) Die Meilensteine im Zeitplan*

Die Gründung einer SE bedarf etlicher Schritte, deren zeitliche Abfolge im Voraus geplant werden muss. Insbesondere ist zu beachten, dass einzelne Punkte erheblich mehr Zeit in Anspruch nehmen werden als andere.

#### *b) Zeitliche Faktoren aus gesellschafts- und umwandlungsrechtlicher Sicht*

Bei der Gründung im Wege der Verschmelzung ist zum einen zu berücksichtigen, dass der Stichtag der Bilanz der übertragenden Gesellschaft, die gemäß Art. 18 SE-VO i.V.m. § 17 UmwG der Anmeldung der Verschmelzung zum Handelsregister der übertragenden Gesellschaft beizufügen ist, im Antragszeitpunkt nicht länger als acht Monate zurück liegen darf.[89] Handelt es sich bei der übertragenden Gesellschaft um eine in diesem Zusammenhang neu gegründete Gesellschaft, so muss der zeitliche Gründungsaufwand kalkuliert werden. Vom Entwurf der Gründungsurkunden über die Gründungsverhandlung und die Einzahlung des Grundkapitals bis zur Eintragung im zuständigen Register können ein bis zwei Monate vergehen, vorsichtshalber ist ein Puffer von mindestens einem weiteren Monat einzuplanen. Bei einer Gründung gegen Ende eines Jahres kann das Geschäftsjahr gleich dem Kalenderjahr gewählt werden, so dass beispielsweise die Bilanz einer deutschen übertragenden Gesellschaft per 31.12.2009 für einen Antrag auf Eintragung der Verschmelzung im Handelsregister der aufnehmenden Gesellschaft bis zum 31.08.2010 verwendet werden könnte.

---

ches Vorgehen mit der ebenfalls in diesem Sinne „deutschsprachigen" Schweiz kommt mangels Zugehörigkeit der Schweiz zur EU bzw. zum EWR nicht in Betracht; auch mit anderen Nachbarstaaten wie den Niederlanden stellt sich in der Kommunikation mit den Registern das Sprachenproblem, auch wenn man mit den dortigen Beratern häufig auf deutsch kommunizieren kann.

89 Dies betrifft den Fall, dass es sich bei der übertragenden Gesellschaft um eine deutsche Gesellschaft handelt. Wird eine ausländische Gesellschaft auf eine deutsche verschmolzen, so richten sich die Fristen (und die Frage, ob überhaupt eine Bilanz bei Anmeldung vorzulegen ist) nach dem Recht der übertragenden Gesellschaft. Bei einer österreichischen Gesellschaft beläuft sich diese Frist beispielsweise auf neun Monate.

## Schaubild: Ablauf der Gründung einer SE durch Verschmelzung

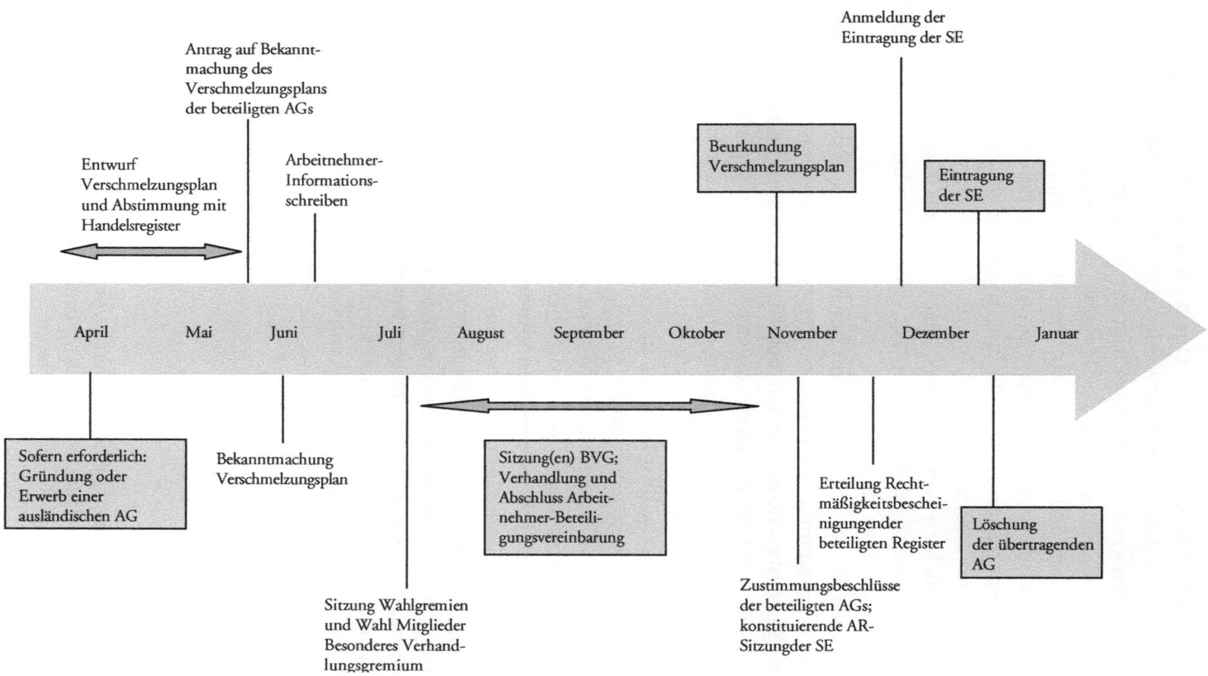

Als weitere Frist ist zum einen die dreißigtägige Frist zur Einladung der Hauptversammlung gemäß § 123 Abs. 1 AktG zu beachten (wenn nicht bei einem Alleinaktionär oder einem kleinen, einheitlich agierenden Aktionärskreis damit gerechnet werden darf, dass auf die Formalien verzichtet werden kann). Zum anderen ist der Verschmelzungsplan gemäß § 61 UmwG vor Einberufung der Hauptversammlung beim Handelsregister einzureichen und dies ist bekanntzumachen. Auch ist zu beachten, dass der Verschmelzungsplan einem etwaigen Betriebsrat mindestens einen Monat vor der Hauptversammlung zugeleitet worden sein muss, Art. 18 SE-VO in Verbindung mit § 5 Abs. 3 UmwG, worauf der Betriebsrat aber verzichten kann.[90] Dann muss jedenfalls die entsprechende Verzichtserklärung des Betriebsrats zur späteren Vorlage beim Handelsregister eingeholt werden.

Nach Beurkundung des Verschmelzungsplans und Durchführung der Hauptversammlungen der beteiligten Gesellschaften ist sodann die Rechtmäßigkeitsbescheinigung bei beiden zuständigen Registern einzuholen. Hierfür sollte ein Zeitraum von vier Wochen eingeplant werden. Danach kann der Antrag auf Eintragung der SE am Sitz der künftigen SE gestellt werden. Hierfür ist die oben angesprochene Acht- bzw. Neunmonatsfrist seit dem letzten Bilanzstichtag zu beachten. Bis zur Eintragung, mit der die SE wirksam gegründet ist, vergehen dann je nach Bearbeitungsdauer im Register nochmals ca. vier Wochen.

Alle Schritte benötigen ausreichend Zeit für die Vorbereitung der Dokumente. Insbesondere, wenn Angaben etwa zum Umtauschverhältnis von Aktien und damit zur Bewertung der beteiligten Unternehmen verlangt sind, ist ein entsprechender Vorlauf einzuplanen. Zeitaufwändig kann, wenn nicht verzichtbar, auch die Erstellung des Verschmelzungsberichts, die Durchführung der Verschmelzungsprüfung und des Prüfungsberichts sein. Auch ist natürlich für die zu beglaubigenden oder zu beurkundenden Dokumente die Verfügbarkeit der beteiligten Personen und des Notars sicherzustellen.

---

90 Umstritten ist, ob ein Verzicht nur auf die Frist oder auch auf die Zuleitung insgesamt zulässig ist: So Semler/Stengel-*Simon*, Umwandlungsgesetz (2. Aufl. 2007), § 5 UmwG Rn. 145 m.w.Nw. zum Meinungsstand. Zu beachten ist zudem, dass dies nur die Regelung für den „deutschen Teil" darstellt und gegebenenfalls auch Vorschriften zur Information des Betriebsrats bei ausländischen beteiligten Gesellschaften beachtet werden müssen.

### c) Zeitliche Faktoren aus arbeitsrechtlicher Sicht

Schon zu Beginn der SE-Gründungsplanung muss den arbeitsrechtlich erforderlichen Schritten besondere Aufmerksamkeit geschenkt werden, damit unnötige Verzögerungen der SE-Gründung vermieden werden können. Um beispielsweise das Informationsschreiben nach § 4 SEBG versenden zu können, kann eine umfangreiche Datenerhebung und -auswertung erforderlich sein, um festzustellen, wie viele Mitarbeiter die beteiligten und betroffenen Gesellschaften und Betriebe in den verschiedenen Mitgliedsstaaten beschäftigen. Das Informationsschreiben kann zudem zu übersetzen sein.[91] An den Zugang des (ordnungsgemäßen) Informationsschreibens schließen sich die zehnwöchige Frist zur Konstituierung des BVG sowie ein Zeitraum von bis zu sechs (bzw. zwölf) Monaten für die Verhandlungen mit dem BVG an.[92]

## 2. Die Akteure

Ausgehend von der Zielstellung auf Ebene der Inhaber und der Unternehmensleitung (Vorstand, Geschäftsführung) sind folgende Beteiligte von besonderer Wichtigkeit:

- Betriebsratsvorsitzende, sonstige Arbeitnehmervertreter, Arbeitnehmervertreter im Aufsichtsrat (falls bereits drittelparitätisch besetzt), Gewerkschaftsvertreter: Der Erfolg des noch zu erläuternden Verhandlungsverfahrens über die Mitbestimmung hängt ganz wesentlich von der Einbeziehung dieser Multiplikatoren ab. Deren Überzeugung und Zustimmung ist zwar keine Garantie für den Erfolg, aber gegen sie ist der Misserfolg sicher. Wie das Beispiel Porsche zeigt, ist die Identifikation motivierter Arbeitnehmer mit „ihrem“ Unternehmen zumindest nicht kleiner als die Solidarität mit anderen Arbeitnehmern. Da in der Regel beides nicht einmal ein Gegensatz sein muss, wird man um so mehr darauf hoffen dürfen, mit unternehmerisch denkenden Arbeitnehmervertretern einen konstruktiven Dialog über die Zukunft des Unternehmens führen zu können.
- Steuerberater, Rechtsanwälte, Wirtschaftsprüfer, Notare, in Deutschland und im Ausland: Die SE ist auch für Berater oft noch kein vertrautes Thema. Zudem stellen sich im Einzelfall Fragen, die in der Literatur und der Rechtsprechung nicht oder jedenfalls nicht einheitlich beantwortet sind. Hier sind Berater gefragt, die neben der selbstver-

---

91 Siehe unten V.2.b).

92 Siehe dazu V.2.c) und V.3.

ständlichen Durchdringung des fachlichen Meinungsstandes auch die Fähigkeit mitbringen, die Thematik verständlich mit allen anderen Beteiligten, auch über die Staatsgrenzen hinweg, zu erörtern. Die Beratungsleistung geht schnell und an vielen Stellen über die reine Einzelproblemlösung hinaus. Vielmehr geht es um die grundlegende Gestaltung, die Prozesssteuerung in Abstimmung und engem Kontakt mit der Unternehmensleitung und um die Vermittlung einzelner Themen gegenüber den Arbeitnehmern, den Registern und den Fachkollegen.

Auf Ebene der Berater wird die erste Station in der Regel[93] die steuerliche Prüfung sein. Sie wird aus deutscher Sicht[94] bei einer Verschmelzung nach Deutschland hinein keine Besonderheiten im Vergleich zu einer Verschmelzung deutscher Kapitalgesellschaften ergeben.[95] Da die Gründung einer SE durch Verschmelzung AGs als beteiligte Gesellschaften voraussetzt, ändert sich auch an der laufenden Besteuerung nichts, die deutsche SE ist steuerlich wie die AG oder GmbH eine Körperschaft.

Bei der Auswahl der Rechtsberater sind vier Kriterien wichtig: die Größe der Kanzlei, damit ein Team von Beratern jederzeitige Erreichbarkeit gewährleistet und Spezialisten aus dem Gesellschaftsrecht und aus

---

93 Insbesondere bei Umgestaltungen im Konzern bzw. bei Vorliegen von Cash-Pooling-Strukturen ist auch die Abstimmung mit den finanzierenden Banken relevant. So kann die Umstrukturierung von GmbHs in SEs aufgrund der unterschiedlichen Kapitalerhaltungsvorschriften nach GmbH- bzw. AG- (= SE) Recht zu Bedenken bei der finanzierenden Bank hinsichtlich der ihr zur Verfügung stehenden Sicherheiten in Form frei verfügbaren Kapitals führen. Die Umstrukturierung ist daher auch und sicherlich nicht zuletzt mit dem finanzierenden Kreditinstitut abzustimmen.

94 Zu beachten sind in diesem Zusammenhang die Besteuerungsfolgen, die ein „Wegzug" der übertragenden Gesellschaft aus ihrem Ursprungsstaat dort auslösen kann. Bleibt das Betriebsvermögen aber in diesem Staat und wechselt nur der Rechtsträger (nun die „deutsche" SE statt der österreichischen AG), so wird grundsätzlich keine Steuerfolge ausgelöst. Handelt es sich bei der übertragenden Gesellschaft ohnehin um eine zuvor neu gegründete Gesellschaft, die außer dem Grundkapital kein Vermögen hat, treten keine Steuerfolgen ein. Ebenso wirft eine Verschmelzung einer deutschen Gesellschaft auf eine deutsche Vorrats-SE keine Besonderheiten auf, da es sich um eine nationale Verschmelzung nach deutschem Umwandlungs(-steuer-)recht handelt, wie bei einer Verschmelzung auf eine AG.

95 Das Umwandlungssteuerrecht wurde aus Anlass und vor dem Hintergrund der Einführung der SE durch das „SEStEG", das „Gesetz über steuerliche Begleitmaßnahmen zur Einführung der Europäischen Gesellschaft und zur Änderung weiterer steuerrechtlicher Vorschriften" vom 7.12.2006, BGBl. I 2007, 2782, geändert, so dass auch grenzüberschreitende Umwandlungsvorgänge erfasst und mit rein deutschen Umwandlungen im wesentlichen gleich behandelt werden. Auch wurde die SE ausdrücklich in die Vorschriften des KStG aufgenommen.

dem Arbeitsrecht Hand in Hand arbeiten und so die Einzelfragen effizient und aus einem Guss erledigen. Neben dieser rechtsgebietsübergreifenden Zusammenarbeit müssen die Rechtsberater auch die internationale Zusammenarbeit bieten können. Das gilt in gesellschaftsrechtlicher Hinsicht, also im Beispielsfall mit Österreich, aber auch im Arbeitsrecht mit den Ländern, in denen Arbeitnehmer betroffener Unternehmen tätig sind. Des Weiteren ist eine enge, vertrauensvolle Kooperation der Anwälte mit dem Notar wünschenswert, der letztlich für die Kommunikation beim Register der aufnehmenden deutschen Gesellschaft verantwortlich ist und dort im Idealfall in gesellschaftsrechtlichen Fragen im positiven Sinne bekannt ist. Es ist auch vorteilhaft, wenn die Berater in räumlicher Nähe zum Mandanten auf dessen Planungen zu Veranstaltungen mit den Arbeitnehmern, zu Beurkundungen und Beglaubigungen und auf den damit oft einhergehenden Wunsch nach Anwesenheit des Beraters für Rückfragen schnell reagieren können.

- Register in Deutschland und im Ausland: Letztlich hängt der Erfolg einer SE-Gründung von den Registern ab. Auf deren Zustimmung hin ist daher jedes Dokument zu entwerfen und der Prozess zu steuern. Notfalls geht es um den Unterschied zwischen Recht haben und Recht bekommen; idealerweise hat man Recht und bekommt die Eintragung der SE auch so, wie gewünscht.
- Für eine schnelle und reibungsarme Zusammenarbeit mit den Beratern, aber auch für die Umsetzung im Unternehmen ist die Projektverantwortung eines Leitungsteams auf Vorstands- bzw. Geschäftsführer-Ebene wichtig.

### *3. Erste Schritte*

Stehen die Akteure fest, ist der weitere Ablauf zunächst gegenüber den Inhabern und dem Vorstand der federführenden, später aufnehmenden Gesellschaft im Sinne eines Ablaufplans darzustellen. Hierzu bieten sich tabellarische To- Do- Listen und Powerpoint-Darstellungen, insbesondere als Zeitstrahl an.[96] Hierbei sind „Worst Case Szenarien“ und regelmäßige Aktualisierungen des realistisch anzunehmenden Verlaufs sinnvoll. Diese Planungs- und Organisationsphase wird mit einem Vorstands- bzw. Aufsichtsratsbeschluss der deutschen AG, die zur SE werden will, abgeschlossen.

Der erste Schritt mit Außenwirkung ist bei einer Gründung durch Verschmelzung die Gründung bzw. der Erwerb einer ausländischen Tochtergesellschaft, sofern eine solche nicht bereits besteht. Die Bargründung

---

[96] Siehe IV.1.a).

einer österreichischen Aktiengesellschaft erfordert 70.000 Euro Grundkapital, eine „Gesellschaftssteuer" in Höhe von 1 % des Grundkapitals, ca. 10.000 Euro Gründungskosten und ca. drei Wochen Zeit bis zur Eintragung im auf österreichisch Firmenbuch genannten Handelsregister.

Sodann ist der Verschmelzungsplan zu entwerfen und in Deutschland und in Österreich bei den Registern einzureichen. Diese Einreichung ist bekannt zu machen.

Daran schließen sich das arbeitsrechtliche Verfahren zur Verhandlung über die künftige Mitbestimmung und die gesellschaftsrechtlichen Schritte zur Durchführung der Verschmelzung an. Auf die diesbezüglichen Einzelfragen wird in gesonderten Abschnitten eingegangen.

## *4. Kommunikation*

...ist das A und Ω eines jeden Veränderungsprozesses. Das gilt insbesondere bei der Gründung einer SE, die für jeden sichtbar zu einer immer noch „exotischen" Firmierung führt und die bei Registerrichtern und Rechtspflegern ein nicht durchweg für positiv gehaltenes Premierengefühl hervorruft. Die deshalb so wichtige Kommunikation fängt zwischen den Anteilsinhabern an, setzt sich bei der Abstimmung zwischen den Anteilseignern und den Organen der Gesellschaft fort, ist besonders zu pflegen in der Abstimmung mit den Arbeitnehmervertretern und sollte natürlich auch bei der Strukturierung und Umsetzung mit den Beratern und den Registern nicht enden.

Gerade in letzterer Hinsicht ist ein enges Zusammenwirken von Gesellschaftsvertretern, Anwälten, dem frühzeitig und umfassend einzubindenden Notar und den Registern unbedingt erforderlich. Ohne bevormundend oder besserwisserisch zu wirken, kann man einem Register mit Literaturfundstellen zu Einzelfragen der SE behilflich sein oder auch beim Register wenn gewünscht persönlich die Pläne erläutern. Man kann insbesondere darauf achten, sich bei Gestaltungsfragen an der Literatur zu orientieren, die auch das Register verwendet, um nicht unnötig für Zweifelsfälle zu sorgen.

Auch die Kommunikation zwischen den Beratern aus den beteiligten Staaten, im Beispielsfall zwischen Deutschland und Österreich, verdient ein besonderes Augenmerk. Wie die Erfahrung zeigt, sind auch bei im Grundsatz gleichen Sprachen Missverständnisse möglich bzw. klärende Nachfragen erforderlich. Dies um so mehr als das Recht der SE in allen Mitgliedsstaaten noch „neu" ist und sich viele Praxisprobleme zum ersten Mal stellen und der gemeinsamen Suche nach pragmatischen Lösungen bedürfen.

Neben die vorstehend betonte Kommunikations*dichte* tritt die Notwendigkeit der Festlegung klarer, vertrauenswürdiger und vertraulicher Kommunikations*wege*. So muss insbesondere die Kommunikation mit den Arbeitnehmern von Anfang an klar, verständlich, eindeutig und nachprüfbar sein und deshalb von *einer* Stelle, z. B. vom Vorstandsvorsitzenden, kommen oder unzweifelhaft in dessen Namen und mit dessen Wissen.

Die Kommunikation auf der Arbeitnehmerseite wird bei einem Projekt wie der Gründung einer SE immer die Beteiligung von Gewerkschaftsvertretern beinhalten. Von Gewerkschaftsseite ist das Thema der „europäischen Mitbestimmung" sehr gut aufbereitet worden. Gewerkschaftsvertreter sind gut informiert, die gewerkschaftseigene Hans- Böckler- Stiftung veranstaltet Seminare, es gibt informative gewerkschaftseigene oder -nahe Homepages.[97] Will man eine unsachliche, vom konkreten Unternehmen und seinen Mitarbeitern losgelöste Debatte vermeiden, ist es sinnvoll, frühzeitig mit den eigenen Arbeitnehmervertretern auf Augenhöhe bei der Gestaltung der SE zusammenzuarbeiten.

## V. Arbeitsrechtliche Fragestellungen, praktische Probleme und Lösungen

Das Arbeitsrecht und dabei insbesondere das Mitbestimmungsrecht sind im Rahmen einer SE-Gründung von großer Bedeutung. Noch vor rund zehn Jahren war die Mitbestimmung aus Sicht von *Kolvenbach*[98] sogar ein potentieller Grund für ein Scheitern der schon damals diskutierten Europäischen Gesellschaft. Nach Umsetzung der europäischen Vorgaben in die nationalen Gesetze und nach den ersten SE-Gründungen können wir sicher sagen, dass die – auch darauf spielte *Kolvenbach* damals an – deutschen Mitbestimmungsregeln bei der Gründung einer SE sicherlich eine Erschwernis, aber kein Hindernis sind. Im Gegenteil, die Regelungen über die Unternehmensmitbestimmung, die bei einer deutschen Gesellschaft zu beachten sind, gelten für die gegründete SE nicht. Ist der als potentiell durchaus steinig zu bezeichnende Gründungsweg einmal beschritten, bleibt es hinsichtlich der Mitbestimmung *grundsätzlich* bei

---

[97] http://www.euro-betriebsrat.de/ebr/115.php; http://www.seeurope-network.org/homepages/seeurope/europeancompany.html; http://www.worker-participation.eu.

[98] *Kolvenbach*, Scheitert die Europa AG an der Mitbestimmung?, NZA 1998, 1323.

dem, was mit dem so genannten Besonderen Verhandlungsgremium verhandelt worden ist.[99]

## *1. Auswirkungen auf individual- und kollektivrechtlicher Ebene*

Bei Gründung einer SE spielen Mitbestimmungsfragen aus arbeitsrechtlicher Sicht sicherlich die bedeutendste Rolle. Dennoch darf nicht vergessen werden, dass es daneben ein neues Gremium gibt – den SE-Betriebsrat, der sofern vorhanden den Europäischen Betriebsrat ablöst. Vor Erörterung dieser Themen soll nachfolgend zunächst untersucht werden, welche Auswirkungen nach deutschem Recht (also bezogen auf die deutschen Gesellschaften und Betriebe) auf individual- und kollektivarbeitsrechtlicher Ebene bei der SE-Gründung zu erwarten sind.

### *a) Individualarbeitsrechtliche Folgen*

Im Rahmen der Verschmelzungsvariante nach Art. 17 Abs. 2 a) SE-VO (SE-Gründung durch Aufnahme) ändert sich arbeitsrechtlich für die Mitarbeiter der aufnehmenden Gesellschaft nichts. Insbesondere stellt dieser Vorgang keinen Betriebsübergang im Sinne des § 613a BGB dar, der Rechtsträger bleibt als solcher – ähnlich wie bei einer formwechselnden Umwandlung – erhalten, nur in einem anderen „Rechtskleid".[100] Bei den Mitarbeitern der übertragenden Gesellschaft kommt es hingegen zu einem Wechsel des Arbeitgebers, da zukünftiger Arbeitgeber die SE sein wird. Ein Widerspruchsrecht nach § 613a Abs. 6 BGB hat das Bundesarbeitsgericht aber jüngst für einen wenn auch nationalen Verschmelzungsfall abgelehnt. Da der bisherige Arbeitgeber als juristische Person untergehe, gebe es keinen Widerspruch.[101]

---

[99] Siehe hierzu und zu Ausnahmen von diesem Grundsatz unter V.5 und V.7.

[100] Willemsen/Hohenstatt/Schweibert/Seibt-*Willemsen*, Umstrukturierung und Übertragung von Unternehmen (3. Aufl. 2008), B 79.

[101] BAG, NZA 2008, 815. Im Fall einer ausländischen übertragenden Gesellschaft mit Arbeitnehmern mögen nach jeweils nationalem Verständnis der sich aus der europäischen Betriebsübergangsrichtlinie (Richtlinie 98/50/EG des Rates vom 29.6.1998 zur Änderung der Richtlinie 77/187/EWG zur Angleichung der Rechtsvorschriften der Mitgliedstaaten über die Wahrung von Ansprüchen der Arbeitnehmer beim Übergang von Unternehmen, Betrieben oder Betriebsteilen) ergebenden nationalen Gesetze Widerspruchsrechte bestehen.

Bei einer in der Praxis eher selteneren Verschmelzung zur Neugründung nach Art. 17 Abs. 2 b) SE-VO gehen beide Gesellschaften unter, so dass die Arbeitsverhältnisse auf die SE übergehen. Ein Widerspruchsrecht nach deutschem Recht scheidet aber auch hier aus.

Bei der SE-Gründung durch formwechselnde Umwandlung bleibt die Gesellschaft – also der Rechtsträger als solcher – erhalten, die Arbeitnehmer bleiben bei diesem beschäftigt. Ein Anknüpfungspunkt für die Regelung des § 613a BGB ist danach nicht gegeben. Ebenso verhält es sich bei der durch Gründung einer Holding- oder Tochter-SE. Die an der SE-Gründung beteiligten Gesellschaften bleiben erhalten, die Arbeitnehmer bleiben bei diesen beschäftigt.[102] Wird eine Gesellschaft im Zuge von deren „Aktivierung" auf eine Vorrats-SE verschmolzen, gilt das oben zur Verschmelzung nach Art. 17 Abs. 2 a) SE-VO für die übertragende Gesellschaft gesagte.

### *b) Kollektivarbeitsrechtliche Folgen*

Kommt es allein zur Umwandlung in die SE und sind nicht zudem Restrukturierungsmaßnahmen geplant, ändert sich mit anderen Worten an den betrieblichen Einheiten nichts, bleiben die Betriebsratsgremien unverändert im Amt und die abgeschlossenen Betriebsvereinbarungen bleiben bestehen. Dies gilt für sämtliche abgeschlossenen Vereinbarungen, das heißt nicht nur für Betriebs-, sondern auch für Gesamt- und Konzernbetriebsvereinbarungen.

Werden im Zusammenhang mit der SE-Gründung jedoch Umstrukturierungsmaßnahmen durchgeführt, können diese betriebsverfassungsrechtliche Änderungen mit sich bringen. Je nach Konstellation kann es gegebenenfalls zu Betriebsänderungen im Sinne der §§ 111 ff. BetrVG kommen. Die sich hieraus ergebenden Konsequenzen sind aber nicht durch die SE-Gründung bedingt.

Zu Änderungen auf betriebsverfassungsrechtlicher Ebene kann es zudem bei SE-Gründungen kommen, die nicht innerhalb eines Konzerns stattfinden. Werden zum Beispiel zwei Konzernobergesellschaften zu einer SE verschmolzen, wird sich die Frage nach dem Fortbestand der verschiedenen Konzernbetriebsvereinbarungen und der Konzernbetriebsratsgremien ergeben.

Soweit ersichtlich, wird das Thema der Fortgeltung von tariflichen Regelungen nach einer SE-Gründung in Literatur und Rechtsprechung

---

102 Im Sonderfall der Sachgründung durch Einbringung eines Unternehmens(-teils) kann ein Betriebsübergang nach § 613 a BGB ausgelöst werden.

bisher nicht erörtert. Es ist daher abzuwarten, wie ein solcher Fall zukünftig bewertet werden wird. Aus unserer Sicht gilt hierbei Folgendes:

Hinsichtlich der kollektivrechtlichen Tarifbindung einer Gesellschaft muss bei beiden Verschmelzungsvarianten zwischen einer Tarifbindung aufgrund Verbandsmitgliedschaft und derjenigen aufgrund eines Haustarifvertrages unterschieden werden. Nach der Rechtsprechung des Bundesarbeitsgerichts wird ein Rechtsnachfolger nicht an die Rechtsfolgen einer nicht von ihm begründeten Koalitionszugehörigkeit des Vorgängers gebunden, da dies mit dem Grundsatz der negativen Koalitionsfreiheit nicht zu vereinbaren wäre.[103] Wegen § 38 Abs. 1 BGB ende die Mitgliedschaft in der Tarifvertragspartei mit Erlöschen des übertragenden Rechtsträgers.[104] Allenfalls bei einer Satzungsregelung, die den Übergang der Mitgliedschaft auf einen Rechtsnachfolger vorsieht, kann es zu einer unmittelbaren Fortgeltung der Tarifbindung kommen, da § 38 BGB nach § 40 BGB abdingbar ist.[105] Zudem gelten die Tarifverträge auch kollektivrechtlich fort, wenn der Rechtsnachfolger ebenfalls mitgliedschaftlich mit dem Arbeitgeberverband verbunden ist.

Ist die Tarifbindung allerdings dadurch begründet, dass die aufnehmende Gesellschaft einen Haustarifvertrag abgeschlossen hat, gilt dieser bei der SE unverändert fort. Zu den Verbindlichkeiten im Sinne des § 20 Abs. 1 S. 1 UmwG zählt auch ein Haustarifvertrag, in den der „neue“ Rechtsträger eintritt.[106] Bei einer SE-Gründung gelten Haustarifverträge daher unmittelbar und kollektivrechtlich fort. Der Geltungsbereich bleibt allerdings auf die betrieblichen Verhältnisse bei dem jeweiligen Rechtsträger beschränkt, so dass der kollektivrechtlich fortgeltende Haustarifvertrag nach unserem Verständnis nicht für die Arbeitnehmer des anderen an der Verschmelzung beteiligten Rechtsträger gilt und es hier zu Fällen der Tarifpluralität kommen kann.

Bei einer SE-Gründung durch formwechselnde Umwandlung oder durch Gründung einer Holding- oder Tochter-SE bleiben die beteiligten Gesellschaften als Rechtsträger erhalten. Die einzelnen Rechtsträger blei-

---

103 BAG, NZA 1994, 848; obwohl das BAG nicht differenziert, kann dies nur für die Verschmelzung zur Neugründung gelten, nicht jedoch für diejenige zur Aufnahme.

104 Wiedemann-*Oetker*, Tarifvertragsgesetz (7. Aufl. 2007), S. 1072.

105 LAGE Art 9 GG Nr. 14, ohne jedoch die Vereinbarkeit mit Art. 9 Abs. 3 GG anzusprechen; Wiedemann-*Oetker* (Fn. 104), S. 1072; a. A. Münchener Kommentar-*Reuter*, BGB (5. Aufl. 2006), § 38 BGB Rn. 60 ff.

106 BAGE 89, 193 zur Verschmelzung zur Neugründung; LAG BW v. 23.09.2005 – 7 TaBV 3/05 (nicht veröffentlicht) zur Verschmelzung zur Aufnahme.

ben in derselben Form kollektivrechtlich gebunden, wie sie es vor der SE-Gründung waren. Die durch Umwandlung gegründete SE bleibt danach tarifgebunden. Holding- und Tochter-SE – als neue Rechtsträger – sind hingegen nicht tarifgebunden; hier bleibt die Tarifbindung bei den an der Gründung beteiligten Gesellschaften erhalten.

## *2. Mitbestimmungsrechte in der SE*

Das Gesetz über die Beteiligung der Arbeitnehmer in einer Europäischen Gesellschaft (SE-Beteiligungsgesetz – SEBG) will in Umsetzung der europäischen Vorgaben die Sicherung der von Arbeitnehmern erworbenen Rechte auf Beteiligung an Unternehmensentscheidungen erreichen. Unter Beteiligung versteht das Gesetz neben der Unternehmensmitbestimmung auch die grenzüberschreitende Unterrichtung und Anhörung.

Das beabsichtigte Ergebnis des Schutzes der Arbeitnehmerrechte soll vorrangig im Wege einer Verhandlungslösung erreicht werden. Hierzu müssen die Leitungen der an der Gründung beteiligten Gesellschaften mit dem so genannten Besonderen Verhandlungsgremium (nachfolgend „BVG") über die Arbeitnehmerbeteiligung verhandeln. Erst wenn die Verhandlungen scheitern, greift eine gesetzliche Auffanglösung, die das höchste Mitbestimmungsniveau in einer der Ausgangsgesellschaften fortschreibt.

### *a) Ausgangslage*

Eine den Mitbestimmungsgesetzen (Drittelbeteiligungsgesetz, Mitbestimmungsgesetz und Montan-Mitbestimmungsgesetz) unterfallende Gesellschaftsform – wie AG und GmbH – hat bei Überschreiten von bestimmten Arbeitnehmerzahlen einen Aufsichtsrat zu errichten, der entweder zu einem Drittel (mehr als 500 Arbeitnehmer, DrittelbG) oder zur Hälfte (mehr als 2000 Arbeitnehmer, Mitbestimmungsgesetz) aus Arbeitnehmervertretern bestehen muss oder im Anwendungsbereich des Montan-Mitbestimmungsgesetzes nach dessen Vorgaben zu besetzen ist.

Die SE unterliegt den deutschen Mitbestimmungsregelungen selbst dann nicht, wenn sie ihren Sitz in Deutschland hat. Vom „numerus clausus" der Mitbestimmungsgesetze ist sie nicht erfasst, so dass schon aus diesem Grund eine Anwendung der Gesetze auf die SE nicht in Betracht kommt.[107] Zudem besteht eine europarechtliche Sonderlösung durch

---

107 Für das MitbestG vgl. Erfurter Kommentar-*Oetker*, Arbeitsrecht (9. Aufl. 2009), § 1 MitbestG Rn. 2.

Abschluss der Mitbestimmungsvereinbarung. Zur Sicherung der Arbeitnehmerrechte soll mit dem BVG nach einer Lösung gesucht werden, wie etwaig widerstreitende nationale Regelungen über die Mitbestimmungsrechte in den Unternehmensorganen zusammengeführt werden können. Bei diesen durch Verhandlung (oder gegebenenfalls durch die Auffanglösung) festgelegten Mitbestimmungsgrundsätzen verbleibt es dann dauerhaft, auch wenn die Schwellenwerte der deutschen Mitbestimmungsgesetze später überschritten werden. Nur bei strukturellen Änderungen kann es zu einer Neuverhandlung über die Mitbestimmung kommen.[108]

### *b) Der Weg zum BVG – Information der Leitungen*

Am Beginn der Verhandlungslösung steht die Errichtung des BVG als Verhandlungspartner der Unternehmensleitungen (kurz „Leitungen"). Das BVG wird von den Arbeitnehmern[109] gebildet. Dieser Prozess beginnt mit der Aufforderung durch die Leitungen an die Arbeitnehmer, ein BVG zu errichten.[110]

#### aa) Zeitpunkt der Information

Für die aus Deutschland in das BVG zu entsendenden Mitglieder bestimmt § 4 Abs. 2 SEBG, dass die Leitungen die Arbeitnehmervertretungen und Sprecherausschüsse in den beteiligten Gesellschaften, betroffenen Tochtergesellschaften und betroffenen Betrieben über das Gründungsvorhaben zu unterrichten haben, wenn sie die Gründung einer SE planen.

In der Praxis stellt sich hier die Frage, wann die Information abgegeben werden muss, wann man also die Gründung einer SE „plant". Das Gesetz definiert, dass zum Beispiel bei der Verschmelzungsvariante die Information „unverzüglich nach Offenlegung des Verschmelzungsplans" erfolgen muss, § 4 Abs. 2 S. 3 SEBG. In der Literatur wird hierzu vertreten, dass dieses der *späteste* Zeitpunkt sei, eine Information aber auch schon vorher sinnvoll sei und durchgeführt werden könne.[111]

In Anbetracht der Tatsache, dass die ordnungsgemäße Durchführung des Verfahrens Eintragungsvoraussetzung für die SE ist, sollte dieser Frage

---

108 § 18 SEBG; siehe hierzu unter V.7.

109 Zur personellen Zusammensetzung s. u. V.2.c).

110 Die Leitungen der beteiligten Gesellschaften haben ihre Arbeitnehmer nach dem jeweiligen nationalen Recht (Territorialitätsprinzip) zu informieren; vgl. Lutter/Hommelhoff-*Oetker* (Fn. 1), § 4 SEBG Rn. 19.

111 Lutter/Hommelhoff-*Oetker* (Fn. 1), § 4 SEBG Rn. 11; Oetker/Preis-*Joost*, Europäisches Arbeits- und Sozialrecht (Stand April 2009), B 8200, Rn. 45.

nach unserer Auffassung jedoch etwas mehr Aufmerksamkeit geschenkt werden. Lässt man eine Information im Sinne des § 4 Abs. 2 SEBG bereits vor Offenlegung (also Bekanntgabe) des Verschmelzungsplans zu, dürfte dies wohl unbedenklich sein. Allerdings wird es für das gesamte Verfahren unter Umständen problematisch, wenn der Verschmelzungsplan in der beim Handelsregister eingereichten Form von dem abweicht, was zuvor den Arbeitnehmern an Information zugekommen ist. Nun könnte man wiederum vertreten, dass die Information gegenüber den Arbeitnehmervertretungen nicht so detailliert sein muss wie der Verschmelzungsplan, um so nachträglich einen gewissen „Erklärungsspielraum“ zu haben. Allerdings geht man hier das Risiko ein, dass dann die Information als nicht ausreichend angesehen wird.

Den notwendigen Informationsinhalt gibt das SEBG nicht exakt vor und kann dies auch nicht. Denkt man an die Unterrichtungsschreiben über einen Betriebsübergang nach § 613 a Abs. 5 BGB und die hierzu ergangene (sehr lebendige) Rechtsprechung des Bundesarbeitsgerichts, wird man daher empfehlen müssen, die Information möglichst genau und detailliert zu fassen. Im Falle der Verschmelzungsgründung spricht z. B. nichts dagegen, mit der Information den Arbeitnehmervertretungen auch den (ohnehin öffentlich zugänglichen) Verschmelzungsplan zuzuleiten. Jedenfalls aber sollte nach unserer Auffassung mit der formellen Information bis zur Bekanntgabe des Verschmelzungsplans gewartet werden.[112]

### bb) Adressat der Information

Das Gesetz verlangt, dass die Arbeitnehmervertretungen und Sprecherausschüsse unverzüglich (ohne schuldhaftes Zögern) über den Gründungsentschluss informiert und zur Bildung eines BVG aufgefordert werden (§ 4 I, II SEBG). Hieran anknüpfend stellt sich die Frage, welche Gremien im Einzelnen unterrichtet werden müssen.

Informiert werden müssen sämtliche Gremien der beteiligten Gesellschaften (Betriebs-, Gesamt- und gegebenenfalls Konzernbetriebsrat, entsprechend für die leitenden Mitarbeiter) sowie auch sämtliche Gremien der betroffenen Tochtergesellschaften (wiederum Betriebs-, Gesamt- und

---

112 Selbstverständlich kann und sollten die Arbeitnehmervertretungen schon vorher über die Absicht informiert und auf das Verhandlungsverfahren vorbereitet werden. Die Information im Sinne des § 4 sollte aber erst nach Bekanntgabe des Verschmelzungsplans erfolgen und dann klarstellend auch ausdrücklich als solche bezeichnet werden.

gegebenenfalls (Teil-) Konzernbetriebsrat, entsprechend für die leitenden Mitarbeiter) und betroffenen Betriebe (Betriebsrat).[113]

Falls keine Arbeitnehmervertretung besteht, erfolgt die Information gemäß § 4 Abs. 2 S. 2 SEBG direkt gegenüber den Arbeitnehmern, wobei offen ist, wann „keine Arbeitnehmervertretung" in diesem Sinne besteht.

Da von der Informationspflicht die Arbeitnehmervertretungen der beteiligten Gesellschaften, betroffenen Tochtergesellschaften und betroffenen Betriebe umfasst sind, stellt sich die Frage, ob erst dann keine Arbeitnehmervertretung in diesem Sinne vorliegt, wenn in allen Gesellschaften und Betrieben überhaupt keine Arbeitnehmervertretung besteht oder ob die Mitarbeiter unmittelbar zu informieren sind, soweit in einer (ihrer) Gesellschaft oder einem (ihrem) Betrieb keine Arbeitnehmervertretung besteht. Der Wortlaut des § 4 Abs. 2 SEBG ist nicht eindeutig. Man könnte annehmen, dass wenn eine betriebsratslose Einheit von einem anderen Betriebsratsgremium hätte mitvertreten werden sollen, dies im Gesetz seinen Niederschlag gefunden hätte. *Oetker* vertritt dagegen die Auffassung, dass wenn eine beteiligte Gesellschaft oder betroffene Tochtergesellschaft aus mehreren betriebsratsfähigen Einheiten besteht und nicht in allen Einheiten ein Betriebsrat gewählt wurde, eine unmittelbare Unterrichtung der Arbeitnehmer entbehrlich sei; bei der Wahl der Mitglieder des BVG würden die betriebsratslosen Betriebe durch den Konzern- beziehungsweise Gesamtbetriebsrat mitvertreten.[114] Für diese Auffassung sprechen insbesondere Praktikabilitätserwägungen, denn eine Information der einzelnen Mitarbeiter ist organisatorisch wesentlich aufwändiger als eine Information nur der Gremien.

In diesem Zusammenhang ist fraglich, ob über die Information der Arbeitnehmer(vertretungen) ein Nachweis geführt werden muss. Gesetzlich, etwa als Handelsregister-Eintragungsvoraussetzung, ist ein solcher Nachweis nicht vorgeschrieben.[115] Im eigenen Interesse sollten die Leitun-

---

113 Münchener Kommentar-*Jacobs* (Fn. 39), § 4 SEBG Rn. 7; *Grobys*, SE-Betriebsrat und Mitbestimmung in der Europäischen Gesellschaft, NZA 2005, 84, 86.

114 Lutter/Hommelhoff-*Oetker* (Fn. 1), § 4 SEBG Rn. 17; Münchener Kommentar-*Jacobs* (Fn. 39), § 4 SEBG Rn. 7; *Grobys*, NZA 2005, 84, 86.

115 Münchener Kommentar-*Jacobs* (Fn. 39), § 4 SEBG Rn. 18 diskutiert für den Sonderfall der SE-Gründung durch Verschmelzung, ob ausnahmsweise bei Gesellschaften, die keinen Betriebsrat haben, die Zuleitung an die einzelnen Arbeitnehmer nachgewiesen werden muss. Dies könnte der Fall sein, weil das Registergericht gem. § 17 Abs. 1 UmwG auch den Nachweis der rechtzeitigen Zuleitung des Verschmelzungsplans (oder des Entwurfs) an den Betriebsrat (§ 5 Abs. 3 UmwG) prüft. Im Ergebnis lehnt *Jacobs* eine solche Nachweispflicht jedoch zu Recht ab, weil die Informationen nach § 4 SEBG lediglich der Bildung des BVG dienen und für diese gerade keine besonderen Voraussetzungen gelten.

gen ihre Arbeitnehmer jedoch schriftlich und nicht etwa nur mündlich informieren und den Zugang der Information dokumentieren, um die ordnungsgemäße Erfüllung der Mitteilungspflichten gegebenenfalls belegen zu können.[116] Für den Lauf der Frist des § 11 Abs. 1 SEBG[117] kommt es auch auf das Datum der Zuleitung an, so dass auch dieses im Streitfall nachgewiesen werden muss. Hier kommt die Versendung der Informationen bei Bestehen von Arbeitnehmervertretungen mittels dokumentiertem Einschreiben in Betracht. Es kann auch erwogen werden, die Informationen per E-Mail zu versenden und die Arbeitnehmer(vertretungen) um Zugangsbestätigung zu bitten. *Jacobs* hält einen Nachweis des Informationszugangs bei allen Arbeitnehmern für entbehrlich, wenn die Information direkt gegenüber den Arbeitnehmern zu erfolgen habe.[118] Dem ist zuzustimmen. Eine derart weitgehender Nachweis ist von den Leitungen schon rein praktisch nicht zu führen. In diesem Fall reicht eine Mitteilung – aus der sich auch ihr Datum ergibt – per Intranet, ein Aushang am schwarzen Brett oder eine Information per E-Mail (ohne Zugangsbestätigung jedes einzelnen Arbeitnehmers) aus.[119]

#### cc) Information der im Ausland beschäftigten Arbeitnehmer

Es bleibt die Frage, inwieweit sichergestellt werden muss, dass auch alle Arbeitnehmer die Informationen erhalten. Gerade bei den ausländischen Gesellschaften oder Betrieben kann dies einen erheblichen organisatorischen Aufwand bedeuten.

Bei Bekanntgabe gegenüber den im Ausland beschäftigten Arbeitnehmern deutscher Gesellschaften sind auch die Sprachdifferenzen zu beachten. Soll eine SE unter Beteiligung einer in Deutschland sitzenden Gesellschaft gegründet werden und hat diese Gesellschaft selbst nur wenige Arbeitnehmer im Ausland, kommt eine Information der Arbeitnehmer im Ausland in deutscher Sprache in Betracht, wenn sichergestellt ist, dass der deutsche Text verstanden wird. Hierzu sollte der Erhalt des Schreibens durch die Arbeitnehmer in ihrer Landessprache bestätigt werden. Die Arbeitnehmer sollten auch bestätigen, dass ihre Deutschkenntnisse zum Verständnis der Information ausreichen.

Sind hingegen viele Mitarbeiter der in Deutschland ansässigen Gesellschaften im Ausland beschäftigt, bei denen nicht davon ausgegangen wer-

---

116 Lutter/Hommelhoff-*Oetker* (Fn. 1), § 4 SEBG Rn. 24; Janott/Frodermann-*Kienast* (Fn. 1), 13. Kapitel Rn. 105.

117 Siehe V.2.b)dd).

118 Münchener Kommentar-*Jacobs* (Fn. 39), § 4 SEBG Rn. 13.

119 So auch *Grobys*, NZA 2005, 84, 86.

den kann, dass diese Deutsch verstehen, muss das Informationsschreiben in die jeweilige Landessprache übersetzt werden. An der Übersetzung des Informationsschreibens sollte im Zweifel nicht gespart werden, denn nur eine ordnungsgemäße Information der Arbeitnehmer setzt die Frist zur Konstituierung des BVG in Lauf, § 11 Abs. 1 SEBG.

dd) Inhalt der Information

Gemäß § 4 Abs. 3 SEBG muss in erster Linie über Daten, die die Berechnung der Arbeitnehmerzahlen und damit die Bildung des BVG ermöglichen, informiert werden. Der Katalog des § 4 Abs. 3 SEBG nennt vor allem Informationen über bestehende Arbeitnehmervertretungen, die Identität und Struktur der Gesellschaften oder die Zahl der mitbestimmungsberechtigten Arbeitnehmer. Die dort genannten Informationen müssen die Leitungen zwingend erteilen. Daneben sind alle erforderlichen Informationen zu erteilen, die benötigt werden, um das BVG bilden und die bei der Abstimmung maßgeblichen Zahlenverhältnisse berechnen zu können.[120]

Der für die Bestimmung der Arbeitnehmerzahlen bedeutsame Arbeitnehmerbegriff richtet sich bei einer SE nach § 2 Abs. 1 SEBG. Danach richtet sich der Begriff des Arbeitnehmers nach den Rechtsvorschriften und Gepflogenheiten der jeweiligen Mitgliedstaaten. Die deutsche Regelung bezieht sich auf alle in Deutschland beschäftigten Arbeitnehmer. Davon umfasst sind gemäß § 5 Abs. 1 BetrVG die Arbeiter und Angestellten einschließlich der zu ihrer Berufsausbildung Beschäftigten sowie die in § 5 Abs. 3 S. 2 BetrVG benannten leitenden Angestellten. Daneben sind Teilzeitkräfte sowie Personen mit ruhenden Arbeitsverhältnissen und befristet Beschäftigte bei der Berechnung von Arbeitnehmerzahlen voll – also nach Köpfen – zu berücksichtigen.[121] Bereits freigestellte Altersteilzeitler sind nach unserer Auffassung hingegen nicht zu berücksichtigen.[122] Dasselbe gilt für Leiharbeitnehmer, denn diese gelten – ebenso wie bei der Berechnung der Schwellenwerte nach dem DrittelbG und dem MitbestG[123] – nicht als Arbeitnehmer des Entleiherbetriebs.

---

[120] Janott/Frodermann-*Kienast* (Fn. 1), 13. Kapitel Rn. 108.

[121] Nagel/Freis/Kleinsorge-*Nagel*, Die Beteiligung der Arbeitnehmer in der Europäischen Gesellschaft (2005), § 2 SEBG Rn. 2 m. w. N.

[122] Münchener Kommentar-*Gach* (Fn. 23), § 3 MitbestG Rn. 14; *Rieble/Gutzeit*, Das Altersteilzeitgesetz (ATzG) 1996 und seine betriebsverfassungsrechtlichen Implikationen, BB 1998, 638; BAGE 96, 163.

[123] Münchener Kommentar-*Gach* (Fn. 23), § 3 MitbestG Rn. 20.

Die rechtzeitige und korrekte Mitteilung der Informationen setzt für die Arbeitnehmerseite eine Frist von zehn Wochen für die Konstituierung des BVG in Lauf, § 11 Abs. 1 SEBG.[124]

### *c) Der Weg zum BVG – Personelle Konstituierung des BVG*

Die personelle Konstituierung des BVG ist in § 5 SEBG geregelt und vollzieht sich in zwei Schritten: zunächst sind Größe und Zusammensetzung des Gremiums zu bestimmen und ist zu ermitteln, wie viele Sitze auf die einzelnen Länder verteilt werden, in denen beteiligte Gesellschaften und betroffene Tochtergesellschaften oder Betriebe ansässig sind. Daran schließt sich das Auswahlverfahren der einzelnen Arbeitnehmervertreter aus den Mitgliedsstaaten an.

#### aa) Größe und Zusammensetzung

##### (1) Grundsätze

Die Bestimmung der Größe des Gremiums ist von den Grundsätzen der Repräsentativität und der Proportionalität zwischen Mitgliedsstaaten, Gründungsunternehmen und Arbeitnehmerzahlen geleitet.

Um die Repräsentativität und damit eine Sitzgarantie zu gewährleisten, ist vorgesehen, dass jeder Mitgliedsstaat, in dem sich Arbeitnehmer einer beteiligten Gesellschaft, Tochtergesellschaft oder eines Betriebes befinden, grundsätzlich mindestens ein Mitglied des Verhandlungsgremiums stellt. Dabei ist es zunächst unerheblich, wie viele Arbeitnehmer in dem jeweiligen Mitgliedsstaat beschäftigt sind.

Durch den Grundsatz der Proportionalität soll sichergestellt sein, dass das Verhältnis der Anzahl der Arbeitnehmer aus den Mitgliedsstaaten zueinander und deren Vertretung im BVG stimmig ist. Es ist daher zu ermitteln, wie die Arbeitnehmerzahl aller Gesellschaften, Tochtergesellschaften und Betriebe prozentual auf die einzelnen Mitgliedsstaaten verteilt ist. Für jeweils volle oder angefangene 10 % der Gesamtarbeitnehmerzahl erhält der Mitgliedstaat einen Sitz im BVG (§ 5 Abs. 1 SEBG). Daraus ergibt

---

[124] Wird diese 10wöchige Frist überschritten, ist es für den Ablauf des weiteren Verhandlungsverfahrens von Bedeutung, wer die Verzögerung zu vertreten hat. Haben die Arbeitnehmer die Verzögerung zu vertreten, findet das Verhandlungsverfahren statt, auch wenn noch nicht alle Mitglieder des BVG feststehen, § 11 Abs. 2 SEBG. Das Fehlen der Mitglieder wirkt sich nicht auf die sechsmonatige Verhandlungsfrist aus. Auf diese Konsequenzen müssen die Arbeitnehmer i. R. des Informationsschreibens nicht hingewiesen werden.

sich, dass das BVG aus mindestens 10 Vertretern besteht. Um die Funktionsfähigkeit des Gremiums zu erhalten, liegt die Höchstgrenze nach § 8 Abs. 4 SEBG bei 40 Mitgliedern.

Für die Berechnung der BVG-Sitze ist gemäß § 4 Abs. 4 SEBG der Tag der Information der Arbeitnehmervertretungen und Sprecherausschüsse über den Gründungsplan maßgeblich.[125]

Die Verteilung der auf Deutschland entfallenden BVG-Mitglieder richtet sich nach §§ 6, 7 SEBG. Grundsätzlich[126] sollen alle an der Gründung der SE beteiligten Gesellschaften mit Sitz in Deutschland, die Arbeitnehmer in Deutschland beschäftigen, mit mindestens einem Mitglied im BVG vertreten sein. Ist die Anzahl der auf Deutschland entfallenden Mitglieder des BVG geringer als die Anzahl der an der SE-Gründung beteiligten Gesellschaften mit Sitz in Deutschland, richtet sich die Verteilung nach § 7 Abs. 3 SEBG. Ist die Anzahl der auf Deutschland entfallenden Mitglieder höher als die Anzahl der beteiligten Gesellschaften mit Sitz in Deutschland, ist für die Verteilung § 7 Abs. 4 SEBG maßgeblich.

(2) Besonderheiten bei der Verschmelzungsvariante

Für den Gründungsfall der Verschmelzung besteht nach § 5 Abs. 2 SEBG die Besonderheit, dass zusätzliche Mitglieder entsendet werden müssen, wenn nach der Bestellung der nach § 5 Abs. 1 SEBG zu bestimmenden Mitglieder nicht alle Gesellschaften im BVG berücksichtigt sind. Dadurch wird wiederum gewährleistet, dass mindestens jede beteiligte – durch die Verschmelzung erlöschende – Gesellschaft auch durch ein Mitglied im BVG vertreten ist. Allerdings ist nach § 5 Abs. 3 S. 1 SEBG die Zahl der sich daraus ergebenden zusätzlichen Sitze auf 20 % der sich ansonsten ohnehin ergebenden Mitgliederzahl beschränkt, um die Größe des Gremiums nicht ausufern zu lassen. Des Weiteren werden einem Mitgliedsstaat auch dann zusätzliche Sitze im BVG versagt, wenn nicht zuvor alle anderen Mitgliedsstaaten mit mindestens einem Sitz vertreten sind, § 5 Abs. 3 S. 3 SEBG.

---

125 Münchener Kommentar-*Jacobs* (Fn. 39), § 5 SEBG Rn. 2; Janott/Frodermann-*Kienast* (Fn. 1), 13. Kapitel Rn. 113; *Grobys*, NZA 2005, 84, 87.

126 § 7 Abs. 2 SEBG stellt die Grundregel dar, die um die zwingende Vorgabe in § 5 Abs. 2 SEBG ergänzt wird, wenn eine SE durch Verschmelzung gegründet werden soll (vgl. V.2.c)aa)(2)); s. auch Lutter/Hommelhoff-*Oetker* (Fn. 1), § 7 SEBG Rn. 3.

(3) Neubesetzung bei Änderungen

Während der Verhandlungen mit den Leitungen, d.h. wenn das BVG schon konstituiert ist, können sich Arbeitnehmerzahlen durch den Kauf oder Verkauf von Gesellschaften oder durch Neueinstellungen und Entlassungen verschieben. Ebenso können sich die Gründungsmodalitäten noch ändern, da die SE noch nicht eingetragen ist (z. B. Gründung einer Tochter-SE statt einer Holding-SE). Denknotwendig muss sich dann auch die Besetzung des BVG ändern.

Das Gesetz hält eine einfache Lösung parat. Es muss kein erneutes Verfahren angestrengt werden, sondern nach § 5 Abs. 4 S. 1 SEBG wird die Zusammensetzung entsprechend angepasst.[127] Diese Veränderung wirkt sich nicht auf die bereits in Gang gesetzte Sechs-Monats-Frist nach § 20 Abs. 1 SEBG aus.[128] Insofern muss das Gründungsvorhaben bei der Mitteilung gegenüber den Arbeitnehmern noch nicht bis ins Detail ausgearbeitet sein. Eine Änderung der Gründungsart, also zum Beispiel die Errichtung einer Tochter-SE statt einer Holding-SE, bleibt auch nach Konstituierung des BVG möglich, ohne dass die „Mühen" im Zusammenhang mit der Gründung des BVG vergeblich gewesen sind. Es könnte sich allenfalls aus dem Grundsatz der vertrauensvollen Zusammenarbeit nach § 13 Abs. 1 S. 2 SEBG ergeben, dass man einer (maßvollen) Verlängerung der Verhandlungen zustimmen muss, wenn neue Mitglieder erst sehr spät in das Gremium eintreten.[129]

Entsprechend den Regeln zur Mitteilungspflicht gegenüber den Arbeitnehmern haben die Leitungen das BVG nach § 5 Abs. 4 S. 2, 3 SEBG auch hinsichtlich etwaiger Änderungen nach seiner Konstituierung unverzüglich zu informieren.

Änderungen der Arbeitnehmerzahlen bzw. der Konzernstruktur zwischen der einmal erfolgten Information der Arbeitnehmer und der Konstituierung des BVG bleiben unberücksichtigt.[130]

---

127 Bedenken bei *Krause*, Die Mitbestimmung der Arbeitnehmer in der Europäischen Gesellschaft, BB 2005, 1221, 1224.

128 *Grobys*, NZA 2005, 84, 90; Münchener Kommentar-*Jacobs* (Fn. 39), § 5 SEBG Rn. 4; Lutter/Hommelhoff-*Oetker* (Fn. 1), § 5 SEBG Rn. 19.

129 *Krause*, BB 2005, 1221, 1224.

130 *Grobys*, NZA 2005, 84, 87 nennt als Argument „Gründe der Rechtssicherheit"; Münchener Kommentar-*Jacobs* (Fn. 39), § 5 SEBG Rn. 4.

bb) Wahl der in Deutschland beschäftigten Arbeitnehmervertreter

Das Wahl- bzw. Bestellungsverfahren für die Mitglieder des BVG ist den jeweiligen Mitgliedstaaten zur Ausgestaltung überlassen.[131] In Deutschland werden die Mitglieder des BVG von einem Wahlgremium gewählt.[132]

§§ 6 Abs. 2 bis 4, 7 Abs. 2 bis 4 SEBG bestimmen für die aus Deutschland zu wählenden Mitglieder weitere Voraussetzungen der Wählbarkeit und stellen ein Prozedere zur Verfügung, um diese Mitglieder des BVG auf die beteiligten Gesellschaften mit Sitz in Deutschland zu verteilen.

Gemäß § 6 Abs. 2 SEBG sind Arbeitnehmer der Gesellschaften und Betriebe sowie Gewerkschaftsvertreter wählbar. Nach § 6 Abs. 3 und 4 SEBG ist jeder dritte auf das Inland entfallende Sitz mit einem Vertreter einer Gewerkschaft zu besetzen.[133] Leitende Angestellte finden Berücksichtigung, wenn mehr als sechs Sitze auf das Inland entfallen, denn mindestens jedes siebte Mitglied muss ein leitender Angestellter sein.[134] Es dürfen jedoch auch mehr leitende Angestellte zu Mitgliedern des BVG gewählt werden, denn sie unterfallen auch schon der Arbeitnehmerdefinition nach § 6 Abs. 2 i. V. m. § 2 Abs. 1 SEBG.[135]

§ 7 Abs. 2 SEBG greift den Grundsatz der Repräsentativität explizit für die beteiligten deutschen Gesellschaften auf und legt fest, dass diese durch mindestens jeweils ein Mitglied im BVG vertreten sein sollen. § 7 Abs. 2 SEBG begründet lediglich eine „Soll-Vorschrift", sie wird durch die zwingende Vorgabe des § 5 Abs. 2 SEBG für den Fall der Verschmelzung ergänzt.[136]

Die Zusammensetzung des Wahlgremiums, welches dann die deutschen Mitglieder des BVG wählt, ist in § 8 SEBG geregelt. Das Wahlgremium besteht im Grundsatz aus Mitgliedern des Konzernbetriebsrats, des Ge-

---

131 *Grobys*, NZA 2005, 84, 87; *Niklas*, Beteiligung der Arbeitnehmer in der Europäischen Gesellschaft (SE) – Umsetzung in Deutschland, NZA 2004, 1200, 1201. Dies führt zu erheblichem Gestaltungs- und Beratungsaufwand und stellt unseres Erachtens einen wesentlichen Kritikpunkt am Gründungsverfahren der SE dar. Eine Vereinheitlichung der Vorschriften zur Wahl des BVG erscheint geboten.

132 Ausführliche Darstellung der Bildung des Wahlgremiums bei: *Niklas*, NZA 2004, 1200, 1201; Janott/Frodermann-*Kienast* (Fn. 1), 13. Kapitel Rn. 122, 139 ff.

133 Das Gewerkschaftsmitglied muss den in Deutschland gelegenen Unternehmen bzw. Betrieben nicht als Arbeitnehmer angehören. Vgl. Lutter/Hommelhoff-*Oetker* (Fn. 1), § 6 SEBG Rn. 14; Münchener Kommentar-*Jacobs* (Fn. 39), § 6 SEBG Rn. 4.

134 *Niklas*, NZA 2004, 1200, 1201.

135 Lutter/Hommelhoff-*Oetker* (Fn. 1), § 6 SEBG Rn. 9.

136 Lutter/Hommelhoff-*Oetker* (Fn. 1), § 7 SEBG Rn. 4.

samtbetriebsrats oder des Betriebsrats. Die Arbeitnehmervertretungen, die auf der jeweils höchsten Ebene der Betriebsräte vorhanden sind, sollen die Wahl des BVG übernehmen.[137] Die Nutzung der vorhandenen Betriebsratsstrukturen soll Aufwand und Kosten gering halten. Besteht bei den Unternehmensgruppen, Unternehmen oder Betrieben im Inland gar keine Arbeitnehmervertretung, wählen die Arbeitnehmer die Mitglieder des BVG gem. § 8 Abs. 7 SEBG in geheimer und unmittelbarer Wahl. Bei Bestehen von Arbeitnehmervertretungen richtet sich die Einberufung des Wahlgremiums nach § 9 SEBG. § 10 SEBG enthält nähere Bestimmungen über die Wahl des BVG durch das Wahlgremium.

#### cc) Wahl der im Ausland beschäftigten Arbeitnehmer

Die im Ausland beschäftigten Arbeitnehmervertreter werden grundsätzlich nach Maßgabe des jeweils in dem Mitgliedsstaat geltenden Rechts in das BVG gewählt, d. h. dafür sind die Mitgliedsstaaten selbst verantwortlich (§ 7 Abs. 1 SEBG). Anhand von einigen Beispielen lässt sich veranschaulichen, dass die praktische Umsetzung hinsichtlich der Zusammenstellung des Gremiums in manchen europäischen Ländern im Vergleich zu Deutschland einfacher gestaltet ist, in anderen hingegen einige Hürden zu nehmen sind:

##### (1) Österreich

Die Umsetzung der europarechtlichen Richtlinien zur Arbeitnehmerbeteiligung in das österreichische Recht wurde durch Eingliederung eines VI. Teils in das Arbeitsverfassungsgesetz (§§ 208 – 253 ArbVG) vollzogen.

Entscheidend für die Auswahl der Vertreter in Österreich sind die Vorgaben der §§ 216 – 218 ArbVG. Nur ein Betriebsratsmitglied aus dem Kreis der in den beteiligten Gesellschaften, betroffenen Tochtergesellschaften und betroffenen Betriebe errichteten Betriebsräte kann zum Mitglied des BVG gewählt werden. Anstelle eines Betriebsratsmitglieds kann auch ein Funktionär oder Arbeitnehmer einer zuständigen freiwilligen Berufsvereinigung entsendet werden. Letzteres gilt, sofern der Betrieb betriebsratslos ist und auch kein anderer österreichischer Betrieb die Mitvertretung übernehmen kann.

Problematisch ist, dass für betriebsratslose Betriebe keine eindeutige Regelung für eine Möglichkeit der Teilnahme am BVG existiert. Sofern eine Wahl des Betriebsrats unterblieben ist, sind die betreffenden Betriebe grundsätzlich von den anderen österreichischen Mitgliedern des BVG mitzuvertreten. Für Betriebe, in denen unabhängig vom Willen der Ar-

137 Janott/Frodermann-*Kienast* (Fn. 1), 13. Kapitel Rn. 143.

beitnehmer keine Arbeitnehmervertreter vorhanden sind, muss die einschlägige Bestimmung der SE-Richtlinie (Art. 3 Abs. 2 lit. b letzter Satz) Anwendung finden, die in Österreich nicht umgesetzt wurde.[138] Danach dürfen die Arbeitnehmer bei Betriebsratslosigkeit unmittelbar einen Vertreter wählen.

Die Mindestinhalte der schriftlich zu erteilenden Information legt § 215 Abs. 3 österreichisches ArbVG fest. Dazu gehören Informationen über die geplante SE-Gründung, über die Identität und Struktur der betroffenen Gesellschaften und Betriebe, über die Beschäftigtenzahl, über die Struktur der Arbeitnehmervertretung und der Mitbestimmung sowie der Termin der konstituierenden Sitzung des BVG. Diese entsprechen weitgehend den nach § 4 Abs. 3 SEBG mitzuteilenden Informationen.

Vorteilhaft ist, dass für die Korrespondenz mit Österreich die deutsche Sprache in der Regel ausreichend ist und die Regelungen nahezu identisch mit jenen in Deutschland sind.

(2) Tschechien

In Tschechien wurden die Vorgaben der Richtlinie im Gesetz über die Europäische Gesellschaft („SE-Gesetz“) umgesetzt.

Zum Wahlverfahren enthält § 48 Abs. 2 SE-Gesetz einen Verweis auf § 290 Abs. 4 des tschechischen Arbeitsgesetzbuchs. Danach wählen die Arbeitnehmer einen Vertreter aus ihrer Mitte, sofern in der tschechischen Gesellschaft bzw. dem tschechischen Betrieb kein Betriebsrat existiert. Für die Anwendung des § 290 Abs. 4 des tschechischen Gesetzbuchs muss die betreffende Gesellschaft allerdings eine Zweigniederlassung in Tschechien haben. Ist dies nicht der Fall, so gilt wiederum deutsches Recht (bei einem deutschen Unternehmen).

Die vom SE-Gesetz geforderten Mindestinformationen für die Arbeitnehmer betreffen Sitz und Form von allen beteiligten Gesellschaften, Tochtergesellschaften und Betrieben, die Gesamtmitarbeiterzahl am Tag der Veröffentlichung und Genehmigung des SE-Gründungsentwurfs, die Art und Weise sowie den Umfang des Einflusses der Mitarbeiter auf die Besetzung der Organe. Besondere Anforderungen an die zu verwendende Sprache bei der Informationsmitteilung werden nicht gestellt, so dass davon auszugehen ist, dass deutsch ausreicht, wenn die Mitarbeiter deutsch verstehen.[139]

---

138 Da Österreich seiner Umsetzungspflicht nicht nachgekommen ist, können sich die Arbeitnehmer unmittelbar auf die Richtlinie berufen. Die Voraussetzungen für eine unmittelbare Wirkung – hinreichend genaue Formulierung der Richtlinie, Fristablauf, keine Belastung des Einzelnen durch die Richtlinie – sind erfüllt.

139 Dass dies der Fall ist, sollte man sich in einer Erklärung des Arbeitnehmers (auf tschechisch) bestätigen lassen. Welche Vorgehensweise dann günstiger ist –

(3) Polen

In Polen wird das Wahlverfahren durch die Betriebsleitung organisiert, jedoch ist dieser Begriff nicht näher definiert. Hiermit ist kein formelles Organ gemeint, sondern die Personen, die Entscheidungen bezüglich der Leitung des Betriebes treffen (z. B. der Betriebsdirektor).

Die Informationspflicht, welcher wie auch in Deutschland unverzüglich nach Offenlegung des Gründungsplans nachzukommen ist, umfasst die Identifizierungsdaten der beteiligten Gesellschaften, Tochtergesellschaften und Betriebe sowie die Zahl der dort jeweils Beschäftigten.

Da nach polnischem Recht die Erfüllung arbeitsrechtlicher Vorgaben grundsätzlich in polnischer Sprache erfolgen muss, ist anzunehmen, dass dies auch bei der Information der Mitarbeiter erforderlich ist.

(4) Niederlande

In den Niederlanden wurden die SE-RL durch das sogenannte „EPEC“ umgesetzt.

Nach Art. 1:10 EPEC werden die in das BVG zu entsendenden Mitarbeiter in einem betriebsratslosen Betrieb durch die in den Niederlanden beschäftigten Arbeitnehmer gewählt.

Des Weiteren bestimmt Art. 1:8 EPEC, dass die Mitarbeiter zum Zeitpunkt der Veröffentlichung des Verschmelzungsplans über die beteiligten Gesellschaften, Tochtergesellschaften und Betriebe in den einzelnen Mitgliedsstaaten sowie über deren jeweilige Mitarbeiterzahl informiert werden müssen.

Das Gesetz gibt keine Sprachvorgaben. Eine Mitteilung in deutscher Sprache begegnet keinen Bedenken, wenn jeder der in deutscher Sprache informierten Arbeitnehmer zuvor schriftlich versichert hat, diese zu beherrschen.[140]

(5) Zusammenfassung

Während sich einige Länder auf eine knappe oder gar unvollständige Umsetzung der SE-RL beschränken, bestehen in anderen Mitgliedsstaaten umfassende Regelungen über das Verfahren der Arbeitnehmerbeteiligung. Doch auch hier sind zahlreiche Detailfragen, wie etwa die Erfordernisse

---

Übersetzung der Information oder Bestätigung der Deutschkenntnisse – ist im Einzelfall zu prüfen.

140 Auch hierbei ist wiederum zu bedenken, ob das Einholen der Bestätigung der deutschen Sprachkenntnisse oder die Übersetzung der Information ins Niederländische günstiger wäre.

hinsichtlich der sprachlichen Gestaltung der Arbeitnehmerinformationen, weder gesetzlich noch durch Rechtsprechung entschieden. Bis diese Fragen entschieden sind, ist zu einer „absichernden" Gestaltung zu raten.

## *3. Verhandlungen des BVG*

### *a) Grundsätze*

Die Verhandlungen sind vom Grundsatz der Privatautonomie beherrscht, d. h. die Regelungen über die Einflussgrenzen der Arbeitnehmer liegen fast ausschließlich in den Händen der Verhandlungspartner. Das ist vor dem Hintergrund, dass die Verhandlungsfreiheit der Unternehmensmitbestimmung in Deutschland bislang fremd ist, ein Novum und kann durchaus ein großer Vorteil sein. Das lässt auch den oft zu sehr betonten Nachteil in einem anderen Licht erscheinen, die Konstituierung des BVG und die Verhandlungen verzögerten das Gründungsverfahren in unangemessener Weise.

Das SEBG enthält nur wenige Vorgaben bezüglich der Verhandlungsführung und der Vereinbarung über die Arbeitnehmerbeteiligung. Lediglich bei der Umwandlung ist es nicht zulässig, den bereits bestehenden Grad der Arbeitnehmerbeteiligung zu unterschreiten (§ 21 Abs. 6 SEBG). Auch sind die Beteiligten gemäß § 13 Abs. 1 S. 2 SEBG gehalten, „vertrauensvoll" zusammenzuarbeiten.

Die Suche nach einer einvernehmlichen Lösung über die Arbeitnehmerbeteiligung beginnt mit der Einsetzung des BVG. Dafür müssen die Leitungen die Mitglieder des BVG zur konstituierenden Sitzung einladen, § 20 Abs. 1 S. 1 und 2 SEBG. Diese hat entweder zu erfolgen, sobald den Leitungen die Arbeitnehmervertreter bekannt sind oder sobald die für die Bestimmung der Vertreter nach § 11 Abs. 1 SEBG geltende Frist von 10 Wochen seit der ordnungsgemäßen Information der Leitungen über den Plan zur Gründung einer SE abgelaufen ist. Die Einladung ist nach Ablauf der Frist an die den Leitungen bis dahin bekannten Arbeitnehmervertreter zu richten, mit denen dann die Verhandlungen trotz Fehlens der übrigen Mitglieder schon beginnen. Fraglich ist, wie die Leitungen zu verfahren haben, wenn die Bildung eines BVG ganz unterbleibt. Eine für die Arbeitgeberseite durchaus zeitsparende und deswegen zu begrüßende Vorgehensweise wäre es, nach Ablauf der zehn-wöchigen Frist des § 11 Abs. 1 SEBG nun sofort die Eintragung der SE zu erlauben.[141] *Jacobs* hingegen ist der Ansicht, die Leitungen müssten dennoch zur konstituierenden Sitzung

---

141 Janott/Frodermann-*Kienast* (Fn. 1), 13. Kapitel Rn. 160 ff.

einladen, wodurch wiederum die sechsmonatige Frist des § 20 SEBG in Lauf gesetzt werde.[142] Einigkeit besteht nur darüber, dass letztlich die gesetzlichen Auffangregelungen (§§ 22 ff., 34 ff. SEBG) greifen.[143]

Die Verhandlungen können bis zu sechs Monate dauern (§ 20 Abs. 1 S. 1 SEBG). Dieser Zeitraum kann einvernehmlich auf bis zu ein Jahr ausgedehnt werden (Abs. 2).

### *b) Kosten des BVG*

Die durch die Tätigkeit des BVG entstehenden Kosten sind grundsätzlich nach § 19 SEBG von der betreffenden Gesellschaft zu tragen. Zu unterscheiden ist zwischen der allgemeinen Kostentragungspflicht (§ 19 S. 1 SEBG), der Bereitstellung der erforderlichen personellen und sachlichen Mittel (§ 19 S. 2 SEBG) sowie den persönlichen Kosten der BVG-Mitglieder.

Zu den Kosten nach § 19 S. 1 SEBG zählen insbesondere die Kosten, die durch die Bildung des BVG entstehen. Darunter fallen auch die Arbeiten der Wahlgremien in den Mitgliedstaaten, in denen beteiligte oder betroffene Gesellschaften bzw. Betriebe ansässig sind.[144] Hinsichtlich der Tätigkeit des BVG können unterschiedliche Aufwendungen anfallen: mit der Geschäftsführung verbundene Aufwendungen sowie solche, die mit den ordnungsgemäßen Vorbereitungshandlungen auf die Verhandlung einhergehen (inkl. der Kosten für mögliche Übersetzungen in die Landessprache der Mitgliedsstaaten). Unter erforderliche Kosten können auch Aufwendungen für Sachverständige und/oder für die Rechtsberater fallen.[145] Voraussetzung der Kostentragungspflicht ist jedoch die Verhältnismäßigkeit, bei deren Beurteilung eine Orientierung an den zu § 40 BetrVG entwickelten Grundsätzen möglich ist.[146]

§ 19 S. 2 SEBG verpflichtet die an der Gründung beteiligten Gesellschaften, dem BVG die erforderlichen Mittel zur Verhandlungsführung zur Verfügung zu stellen. In personeller Hinsicht ist damit vor allem Büropersonal sowie gegebenenfalls ein Dolmetscher gemeint.[147] Zu den sachli-

---

142 Münchener Kommentar-*Jacobs* (Fn. 39), § 11 SEBG Rn. 6, der jedoch offen lässt, an wen eine solche Einladung zu richten wäre.

143 Janott/Frodermann-*Kienast* (Fn. 1), 13. Kapitel Rn. 157; Münchener Kommentar-*Jacobs* (Fn. 39), § 11 SEBG Rn. 6.

144 Nagel/Freis/Kleinsorge-*Freis* (Fn. 121), § 19 SEBG Rn. 4.

145 Lutter/Hommelhoff-*Oetker* (Fn. 1), § 19 SEBG Rn. 7.

146 Nagel/Freis/Kleinsorge-*Freis* (Fn. 121), § 19 SEBG Rn. 4; Jannott/Frodermann-*Kienast* (Fn. 1), 13. Kapitel Rn. 444.

147 Lutter/Hommelhoff-*Oetker* (Fn. 1), § 19 SEBG Rn. 9.

chen Mitteln gehören neben gewöhnlichem Bürobedarf auch Kommunikationsmittel sowie die für die Verhandlung notwendige Fach- und Gesetzesliteratur.[148] Aufgrund der internationalen Zusammensetzung muss man durchaus damit rechnen, die Literatur in verschiedenen Sprachen bereitstellen zu müssen.[149] In diesem Zusammenhang ist jedoch zu beachten, dass die Personal- und Sachmittel wiederum unter dem Vorbehalt der Erforderlichkeit stehen und der Höhe nach verhältnismäßig sein müssen.[150] Von dem Erfordernis spezieller fremdsprachiger Literatur oder eines Dolmetschers kann dann abgesehen werden, wenn die Verständigung auf eine Sprache (z. B. Englisch) möglich und zumutbar ist.

Die persönlichen Kosten der Mitglieder des Gremiums schließen vor allem die Reise- und Aufenthaltskosten im Rahmen der Verhandlungen ein. Diese sind ebenfalls von den beteiligten Gesellschaften zu tragen, soweit sie erforderlich und verhältnismäßig sind. Gerade Reise- und Übernachtungskosten müssen wirtschaftlich sein, also im Verhältnis zu Größe und Leistungsfähigkeit des Betriebs stehen.[151] Bei der Bestimmung des Tagungsortes wird das BVG aus Wirtschaftlichkeitsgründen wohl gehalten sein, denjenigen Mitgliedstaat zu wählen, aus dem die meisten Mitglieder des BVG kommen, um die Anzahl der nötigen Auslandsreisen möglichst gering zu halten.[152]

*Wiese/Weber* weisen zu Recht darauf hin, dass bei Reisen deutscher Betriebsräte für die Frage der Kostenerstattung nach dem BetrVG auch von Bedeutung ist, inwiefern moderne Kommunikationstechnologien eingesetzt werden können, um die Reise gegebenenfalls entbehrlich zu machen.[153] Zu denken ist hier zum Beispiel an die Durchführung von Telefon- oder Videokonferenzen. Fraglich ist, inwiefern dies auf die Arbeit

---

148 Fabricius/Kraft/Wiese/Kreutz/Oetker/Raab/Weber-*Wiese/Weber*, GK-BetrVG (7. Aufl. 2002), § 40 BetrVG Rn. 124 ff.

149 Nagel/Freis/Kleinsorge-*Freis* (Fn. 121), § 19 SEBG Rn. 6; vgl. ArbG Frankfurt, AiB 1998, 524 wonach der Gesamtbetriebsrat eines in Deutschland tätigen amerikanischen Unternehmens – dem zwölf ausschließlich englisch sprechende Mitglieder angehörten – einen Anspruch auf Übersetzungen von Fachliteratur und auch von Schriftverkehr zwischen der Unternehmensleitung und dem Betriebsrat hat.

150 Lutter/Hommelhoff-*Oetker* (Fn. 1), § 19 SEBG Rn. 10.

151 Fabricius/Kraft/Wiese/Kreutz/Oetker/Raab/Weber-*Weber* (Fn. 148), § 40 BetrVG Rn. 12.

152 Andererseits könnte auch daran zu denken sein, die Verhandlungen in einem Mitgliedstaat stattfinden zu lassen, in dem günstige Räume und Unterkünfte angemietet werden können.

153 Fabricius/Kraft/Wiese/Kreutz/Oetker/Raab/Weber-*Wiese/Weber* (Fn. 148), § 40 BetrVG Rn. 35.

des BVG zu übertragen ist, oder ob die Arbeit des BVG eine Anwesenheit aller Mitglieder an einem Ort voraussetzt, sogar ob überhaupt eine Sitzung unter Anwesenheit aller Mitglieder stattzufinden hat. Das ArbG Hamburg[154] entschied, dass schon zur Bildung eines europäischen Betriebsrats – bei der es erforderlich ist, mit ausländischen Arbeitnehmervertretungen eine Abstimmung des Verhaltens zu versuchen – regelmäßig ein persönliches Treffen zwischen den Mitgliedern deutscher und ausländischer Arbeitnehmervertretungen erforderlich ist. Diese Rechtsprechung kann auf die oben aufgeworfene Frage übertragen werden. Wenn die Mitglieder des BVG es verlangen, ist ein persönliches Treffen der BVG-Mitglieder zu ermöglichen und zu finanzieren.

Da bereits in der *einen* konstituierenden Sitzung des BVG die Verhandlungen begonnen, durchgeführt und abgeschlossen werden können, könnte das BVG darauf verwiesen sein, die Zahl seiner Sitzungen unter persönlicher Anwesenheit aller Mitglieder möglichst gering zu halten. Es hängt jedoch immer auch von den Leitungen ab, wie schnell ein Verhandlungsergebnis erzielt wird, so dass es nicht allein dem BVG anzulasten ist, wenn sich die Verhandlungen tatsächlich über Monate erstrecken. In diesem Fall kann schwerlich argumentiert werden, Sitzungen des BVG seien nicht erforderlich. Dazu, ob die weiteren Sitzungen des BVG auch per Videokonferenz stattfinden können, enthält das SEBG keine Hinweise. Dass dies generell – mit Zustimmung des BVG – möglich ist, ist nicht zweifelhaft. Ob das BVG gegen seinen Willen auf eine Videokonferenz verwiesen werden kann, ist wiederum Einzelfall abhängig. Wenn ein persönliches Gespräch erforderlich ist, sind auch die dadurch entstehenden Kosten zu erstatten. Auch insoweit kommt es bei der Beurteilung der Erforderlichkeit von Reisekosten also immer auf eine Einzelfallbetrachtung an, es kann nicht pauschal beurteilt werden, welche Kosten erforderlich sind und welche nicht. Zur Vorbereitung weiterer Sitzungen des BVG sind dessen Mitglieder jedoch verstärkt gehalten, die Möglichkeiten der modernen Kommunikationstechnologien auszuschöpfen, statt selbst zu reisen, so dass Reisekosten für die Verhandlungsvorbereitung unseres Erachtens nur im Ausnahmefall erstattungsfähig sein dürften.

Nach dem Wortlaut des Gesetzes tragen die beteiligten Gesellschaften und nach der Gründung die SE die Kosten als Gesamtschuldner (§§ 421 ff. BGB). Da bei Verschmelzung und Umwandlung die beteiligten Gesellschaften nach der Gründung der SE nicht mehr fortbestehen gilt die Bestimmung des § 426 Abs. 1 S. 2 BGB, so dass nach der Gründung die SE alleiniger Kostenträger ist.[155]

---

154 ArbG Hamburg, AiB 1998, 164.

155 So auch Lutter/Hommelhoff-*Oetker* (Fn. 1), § 19 SEBG Rn. 14.

### *c) Stellvertretung im BVG*

Die Frage, ob BVG-Mitglieder vertreten werden können, ist insbesondere im Hinblick auf die Kosten des BVG interessant. Reise- und auch Übersetzungskosten könnten dadurch reduziert werden, dass sich die BVG-Mitglieder aus dem Ausland vertreten lassen. Findet zum Beispiel eine BVG-Sitzung in Deutschland statt, kommt eine Vertretung der ausländischen BVG-Mitglieder durch am Sitzungsort ansässige Dritte, durch andere deutsche BVG-Mitglieder oder in der Form in Betracht, dass jedes Land nur ein BVG-Mitglied entsendet, welches die weiteren Mitglieder aus dem jeweiligen Land vertritt. Auch die deutschen BVG-Mitglieder könnten sich von anderen BVG-Mitglieder vertreten lassen, um die Verhandlungsrunde möglichst klein und damit flexibel zu halten.

Das SEBG regelt die Frage der Vertretung eines BVG-Mitglieds nicht. Auch die hier beleuchteten österreichischen, tschechischen, polnischen, niederländischen und ungarischen Umsetzungen der SE-RL enthalten beispielsweise keine Vorgaben zu der Möglichkeit einer Stellvertretung.

Aus unserer Sicht bietet sich ein Vergleich mit den betriebsverfassungsrechtlichen Bestimmungen an. Im deutschen Betriebsverfassungsrecht ist eine gewillkürte Stellvertretung von Betriebsratsmitglieder ausgeschlossen.[156] Ist ein Betriebsratsmitglied verhindert, wird es durch ein vorher ebenfalls demokratisch legitimiertes Ersatzmitglied vertreten, § 25 Abs. 1 BetrVG. Das Betriebsratsmitglied muss objektiv verhindert sein; dass es an einer Sitzung nicht teilnehmen will, stellt keinen Hinderungsgrund dar.[157] Der in dieser Regelung aus dem Betriebsverfassungsrecht zum Ausdruck kommende Rechtsgedanke spricht dagegen, eine gewillkürte Stellvertretungsmöglichkeit anzunehmen, denn die Vertretung der Arbeitnehmer im Betriebsrat und diejenige der Arbeitnehmer im BVG sind von der Interessenlage der Arbeitnehmer her vergleichbar. Die BVG-Mitglieder in den jeweiligen Mitgliedsstaaten wurden – ebenso wie Betriebsratsmitglieder – durch die Arbeitnehmer gewählt, sie sind also von den Arbeitnehmern direkt demokratisch legitimiert. Für die Arbeitnehmer kommt es darauf an, von den gewählten Mitgliedern – und nicht von Dritten – vertreten zu werden.[158] Das muss für das BVG ebenso wie für den Betriebsrat gelten.

---

156 Münchener Handbuch zum Arbeitsrecht-*Joost* (2. Aufl. 2000), S. 1034; Richardi-*Thüsing*, Betriebsverfassungsgesetz (11. Aufl. 2008), § 25 BetrVG Rn. 15.

157 Münchener Handbuch zum Arbeitsrecht-*Joost* (Fn. 157), S. 1034.

158 Um Verhinderungsfälle abzudecken ist nach § 6 Abs. 2 S. 3 SEBG die Wahl von Ersatzmitgliedern vorgesehen.

### 4. Abbruch oder Nichtaufnahme der Verhandlungen

Die Dauer der Verhandlung liegt vorrangig in den Händen des BVG. Es kann – außer in den Fällen der SE-Gründung durch Umwandlung[159] – nach § 16 SEBG beschließen, keine Verhandlungen aufzunehmen oder diese abzubrechen. Ein solches Recht sieht das SEBG für die Arbeitgeberseite nicht vor.[160] Aus dem Grundsatz der vertrauensvollen Zusammenarbeit folgt, dass das BVG und die Leitungen streitige Fragen mit dem ernstlichen Willen zur Einigung zu behandeln haben. Daraus folgt jedoch wohl keine Verhandlungspflicht der Leitungen.[161] Verhandlungen sind vielmehr nur eine Obliegenheit der Leitungen, da andernfalls die gesetzliche Auffanglösung greift. Interessant ist in diesem Zusammenhang, ob die Leitungen auch ganz auf die Verhandlungen mit dem BVG verzichten und von vorneherein die Auffanglösung akzeptieren können, was wiederum Zeit sparen würde.[162] Nach dem derzeitigen Meinungsstand ist der Arbeitgeberseite zu raten, die Verhandlungen zunächst aufzunehmen, sie ist jedoch dann nicht gezwungen, sich während der sechsmonatigen Verhandlungsperiode an den Verhandlungstisch zu setzen. Das führt unter Umständen dazu, dass die Arbeitnehmervertreter die – faktisch gar nicht stattfindenden – Verhandlungen mit dem BVG über die Dauer von 6 Monaten hinziehen und damit die SE-Gründung verzögern und verteuern können. Dies dürfte allerdings ein eher seltener Fall sein, denn gewinnen lässt sich

---

159 Lutter/Hommelhoff-*Oetker* (Fn. 1), § 16 SEBG Rn. 6.

160 Anders ist dies nur bei einer grenzüberschreitenden Verschmelzung. Dort können die Verhandlungen auch von der Unternehmerseite abgebrochen werden.

161 Münchener Kommentar-*Jacobs* (Fn. 39), § 16 SEBG Rn. 2 f., § 13 SEBG Rn. 3; a. A. Janott/Frodermann-*Kienast* (Fn. 1), 13. Kapitel Rn. 310 ff.

162 Dagegen wohl *Grobys*, NZA 2005, 84, 87, der selbst ein Recht der Arbeitgeberseite, die Verhandlungen einseitig abzubrechen, verneint. Dies stellt einen Unterschied zum Verfahren bei grenzüberschreitender Verschmelzung dar. Gem. § 23 Abs. 1 Nr. 3 des Gesetzes über die Mitbestimmung der Arbeitnehmer bei einer grenzüberschreitenden Verschmelzung (MgVG) können die Leitungen der verschmelzenden Gesellschaft auf die Durchführung des Verhandlungsverfahrens verzichten und sofort die dann eingreifende Auffanglösung akzeptieren. Diese größere Flexibilität spricht dafür, die SE-Richtlinie insoweit der Richtlinie 2005/56/EG des Europäischen Parlaments und des Rates vom 26.10.2005 über die Verschmelzung von Kapitalgesellschaften aus verschiedenen Mitgliedstaaten anzupassen. Weitergehend könnte auch überlegt werden, schon auf die Bildung eines BVG dann verzichten zu können, wenn die Leitungen von vornherein die Auffanglösung akzeptieren.

damit im Ergebnis eher wenig, da die Auffanglösung nach 6 Monaten feststeht, man dieser also auch sofort zustimmen könnte.

Beschließt das BVG, keine Verhandlungen aufzunehmen oder diese abzubrechen, sind gem. § 16 Abs. 2 SEBG die gesetzlichen Auffangregelungen über den SE-Betriebsrat und die Mitbestimmung in der SE nicht anwendbar. Gem. § 16 Abs. 1 S. 3 SEBG finden die Vorschriften für die Unterrichtung und Anhörung der Arbeitnehmer Anwendung, die in den jeweiligen Mitgliedstaaten gelten. In Deutschland sind das das BetrVG und das SprAuG. Bei der SE kann deshalb ein Gesamt- bzw. Konzernbetriebsrat bzw. ein Gesamt- bzw. Konzernsprecherausschuss gebildet werden.[163] Auch das Europäische Betriebsrätegesetz findet gem. § 47 Abs. 1 SEBG Anwendung.[164] Auf Unternehmensebene würde ein Beschluss nach § 16 Abs. 1 S. 1 SEBG zur Gründung einer mitbestimmungsfreien SE führen. Aufgrund dieses (vorläufigen)[165] Vereitelungseffekts sind an einen solchen Beschluss hohe Anforderungen geknüpft. Er erfordert eine qualifizierte Mehrheit von 2/3 der Mitglieder (§ 16 Abs. 1 S. 1 SEBG).[166] Es ist jedoch anzunehmen, dass ein solcher Beschluss nur in Ausnahmefällen getroffen werden wird, da wohl in den meisten Fällen beiderseitiges Interesse daran besteht, die Arbeitnehmerbeteiligung selbst zu regeln oder jedenfalls zur Auffangregelung zu kommen. Hinzu kommt, dass ein Beschluss nach § 16 Abs. 1 SEBG die unangenehme und mühsame Folge nach sich ziehen kann, dass ein neues BVG zu bilden ist, das sich nach der Gründung der SE nunmehr mit der Frage der grenzübergreifenden Unterrichtung und Anhörung der Mitarbeiter beschäftigen muss.

Bei der formwechselnden Umwandlung einer nationalen Gesellschaft in eine SE ist der Nichtaufnahme- oder Abbruchbeschluss gem. § 16 Abs. 3 SEBG unzulässig, wenn Mitbestimmungsrechte auf Unternehmensebene bestehen. Wird dennoch ein solcher Beschluss gefasst, entfaltet er keine das Verhandlungsverfahren beendende Wirkung, sondern nach Ablauf der fortlaufenden Verhandlungsfrist greift die Auffanglösung.[167]

---

163 Lutter/Hommelhoff-*Oetker* (Fn. 1), § 16 SEBG Rn. 18.

164 Janott/Frodermann-*Kienast* (Fn. 1), 13. Kapitel Rn. 326.

165 S. V.7.

166 *Krause*, BB 2005, 1221, 1225; Lutter/Hommelhoff-*Oetker* (Fn. 1), § 16 SEBG Rn. 10.

167 Lutter/Hommelhoff-*Oetker* (Fn. 1), § 16 SEBG Rn. 6; zur Auffangslösung s. V.6.

### 5. *Beteiligung durch Vereinbarungslösung*

Primäres Ziel und ursprünglicher Zweck der Verhandlungen mit dem BVG ist, einen Konsens hinsichtlich der Beteiligung zu finden. Hierfür gibt das Gesetz den Parteien viele Freiheiten – sowohl bei der Konsensfindung als auch bei der Ausgestaltung der Beteiligungsrechte.

#### *a) Inhalt der Vereinbarung*

Die Verhandlungen über die Mitbestimmung in der zukünftigen SE sind vom Prinzip der Privatautonomie bestimmt. In § 21 SEBG trifft der Gesetzgeber dennoch Aussagen über den Inhalt der Mitbestimmungsvereinbarung.

Der Gesetzeswortlaut legt nahe, dass § 21 Abs. 1 SEBG („wird festgelegt") einen Mindestinhalt für die schriftliche Vereinbarung über die zukünftige Arbeitnehmerbeteiligung konstituiert, die Katalogtatbestände daher zwingend sind.[168] Zu den Anforderungen gehören Regelungen zum Geltungsbereich, dem Unterrichtungs- und Anhörungsverfahren der Arbeitnehmer (alternativ durch Gründung des SE-Betriebsrats) und Konkretisierungen hinsichtlich des Zeitpunkts des Inkrafttretens und der Laufzeit der Vereinbarung. Bei Nichteinhaltung dieser Mindestvorgaben liegt keine für die Eintragung einer SE hinreichende Vereinbarung vor.

§ 21 Abs. 3 SEBG enthält Regelungen über die Arbeitnehmerbeteiligung in den Gesellschaftsorganen. Neben der Zahl der Aufsichtsrats- oder Verwaltungsratsmitglieder sollen auch deren Wahl und Bestellung oder Empfehlung und Ablehnung sowie deren Rechte festgelegt werden. Folgerichtig handelt es sich bei Abs. 3 nicht um zwingend einzuhaltende Bedingungen (Gesetzeswortlaut: „soll vereinbart werden").[169]

#### *b) Beschlussfassung*

Für die Arbeitnehmerseite bestehen im Hinblick auf die Beschlussfassung dezidierte Vorgaben. Die Vereinbarung muss zwingend auf einem Beschluss des BVG beruhen.[170] Grundsätzlich stimmt das Gremium einer Vereinbarung mit der doppelten absoluten Mehrheit der Mitglieder zu (§ 15 Abs. 2 S. 1 SEBG), d.h. die Mehrheit der BVG-Mitglieder muss zustimmen und die abgegebenen „Ja-Stimmen" müssen zugleich die

---

168 Münchener Kommentar-*Jacobs* (Fn. 39), § 21 SEBG Rn. 16, 17.

169 Lutter/Hommelhoff-*Oetker* (Fn. 1), § 21 SEBG Rn. 20.

170 Münchener Kommentar-*Jacobs* (Fn. 39), § 21 SEBG Rn. 4.

Mehrheit der im BVG vertretenen Arbeitnehmer widerspiegeln.[171] Sofern eine Minderung der bestehenden Mitbestimmungsrechte angestrebt wird, ist nach § 15 Abs. 3 SEBG eine qualifizierte Mehrheit von 2/3 der BVG-Mitglieder notwendig, die wiederum 2/3 der im BVG vertretenen Arbeitnehmer repräsentieren muss. Die von den Ja-Stimmen erfassten Arbeitnehmer müssen aus mindestens zwei Mitgliedstaaten stammen.

Die Arbeitgeberseite unterliegt demgegenüber keinen gesetzlichen Regeln. Daraus ergibt sich, dass alle Leitungen aller beteiligten Gesellschaften gemäß der jeweiligen nationalen Vorschrift der Beteiligungsvereinbarung zustimmen müssen. Alternativ kann das Verfahren vereinfacht werden, indem die Leitung einer Gesellschaft von den anderen Gesellschaften zur Unterzeichnung der Vereinbarung bevollmächtigt wird.[172]

Gem. § 21 Abs. 1 SEBG ist die Vereinbarung zwischen den Parteien schriftlich zu schließen. Da das SEBG die im Einzelnen an die Schriftform zu stellenden Anforderungen nicht regelt, ist es naheliegend, insofern auf § 126 BGB zurückzugreifen. Laut *Oetker* kann die Schriftform jedoch nicht durch die elektronische Form (§ 126 Abs. 3 BGB) ersetzt werden, dies folge aus ihrer besonderen rechtlichen Bedeutung im Rahmen des Gründungsverfahrens.[173] Diese Begründung vermag nicht zu überzeugen. Das SEBG trat am 20. Dezember 2004, also nach Einführung des § 126a BGB im Jahr 2001, in Kraft. Gem. §§ 126 Abs. 3, 126a BGB kann seit dem 1. August 2001 die schriftliche Form durch die elektronische Form ersetzt werden, wenn sich nicht aus dem Gesetz etwas anderes ergibt. Aus dem SEBG ergibt sich etwas anderes nicht. In § 623 BGB hat der Gesetzgeber demgegenüber zum Beispiel geregelt, dass die Kündigung eines Arbeitsverhältnisses nicht in elektronischer Form möglich ist. Dem Gesetzgeber ist also – gerade auch für den Bereich des Arbeitsrechts – bewusst, dass er die elektronische Form ausdrücklich ausschließen muss. Das hat er im SEBG gerade nicht getan. Der Abschluss einer Mitbestimmungsvereinbarung in elektronischer Form mag zwar in der Praxis eher selten sein, er kommt aber in Betracht, wenn beispielsweise BVG und Leitungen an unterschiedlichen Orten zusammen kommen und per Videokonferenz über die Mitbestimmungsvereinbarung verhandeln. Eine solche Konstellation könnte sich zur Reisekostenreduzierung anbieten, wenn die Mehrheit der BVG-Mitglieder aus einem Mitgliedsstaat stammt, sich für die Zusammenkunft der Leitungen – ebenfalls unter dem Aspekt der Reisekostenreduzierung – aber ein Verhandlungsort in einem anderen Mit-

---

171 Lutter/Hommelhoff-*Oetker* (Fn. 1), § 15 SEBG Rn. 11 ff.

172 Ulmer/Habersack/Henssler-*Henssler* (Fn. 48), Einl. SEBG Rn. 185; Münchener Kommentar-*Jacobs* (Fn. 39), § 21 SEBG Rn. 2.

173 Lutter/Hommelhoff-*Oetker* (Fn. 1), § 21 SEBG Rn. 11.

gliedsstaat besser eignet. Dann könnte die Mitbestimmungsvereinbarung nach Abschluss der Verhandlungen sogleich in elektronischer Form geschlossen werden. Das BVG könnte eine – von den Mitgliedern des BVG unterschriebene – Vereinbarung elektronisch signieren und per E-Mail an die Leitungen senden und umgekehrt, § 126a Abs. 2 BGB.

### *6. Beteiligung durch gesetzliche Lösung*

#### *a) Grundsatz*

Schlägt eine Vereinbarung über die Beteiligung der Arbeitnehmer in der vorgesehenen Zeit fehl und fasst das BVG keinen Beschluss nach § 16 SEBG, die Verhandlungen nicht aufzunehmen oder nach Beginn abzubrechen, greift die gesetzliche Auffangregelung. Das Gleiche gilt, wenn die Parteien die Anwendung der gesetzlichen Regelungen vereinbaren (§ 22 SEBG).

Neben § 22 ist § 34 SEBG die Schlüsselnorm für die Anwendbarkeit der gesetzlichen Regelungen zur Mitbestimmung der Arbeitnehmer in der SE. § 34 Abs. 1 SEBG bezieht sich zunächst auf die Voraussetzungen des § 22 SEBG. Diese Vorschrift entscheidet darüber, ob die §§ 34 – 38 SEBG überhaupt Anwendung finden.

In § 34 Abs. 1 Nr. 1-3 SEBG stellt das Gesetz sodann weitere besondere Voraussetzungen für die einzelnen Gründungsformen auf. Bei der SE-Gründung durch Umwandlung sind die §§ 35 ff. SEBG dann anzuwenden, wenn in der Gesellschaft vor der Umwandlung bereits Bestimmungen über die Arbeitnehmerbeteiligung im Aufsichts- oder Verwaltungsrat galten. Gem. § 35 Abs. 1 SEBG sind diese nach Gründung der SE zu erhalten. Eine umzuwandelnde Gesellschaft, die der Mitbestimmung – gleich welcher Art – unterlag, bleibt daher im Falle der Auffanglösung in gleicher Weise mitbestimmt. Auf diese Weise wird der Möglichkeit entgegengewirkt, sich durch Umwandlung in eine SE der Mitbestimmung zu entziehen.

Anders als bei der SE-Gründung durch Umwandlung gelangt bei der SE-Gründung durch Verschmelzung gem. § 34 Abs. 1 Nr. 2 SEBG die gesetzliche Auffangregelung (insbesondere § 35 Abs. 2 SEBG) nur zur Anwendung, wenn mindestens 25 % der beteiligten und betroffenen Arbeitnehmer der Mitbestimmung unterliegen (oder wenn das BVG mit den Leitungen die Anwendung der Auffangregelung vereinbart). Bei der Errichtung einer Holding- oder Tochter-SE müssen mindestens 50 % der Arbeitnehmer der Mitbestimmung unterliegen, damit die gesetzliche Auffangregelung zum Tragen kommt, § 34 Abs. 1 Nr. 3 SEBG. Greift die Auffangregelung, ist für die zukünftige Mitbestimmung der „höchste Anteil" an Arbeitnehmervertretern in den Organen der beteiligten Gesellschaften maßgeblich, der vor der SE-Gründung bestand.

Die vorgenannten Voraussetzungen sind unproblematisch, sofern identische Mitbestimmungsformen bestehen, eine Wahl muss dann nicht getroffen werden. Unter „Form der Mitbestimmung" ist das Modell zu verstehen, das bezüglich der Mitbestimmung der Arbeitnehmer zur Anwendung gelangen soll. Deutschland kennt z. B. die Wahl eines Anteils an Arbeitnehmervertretern im Aufsichtsrat als eine Form der Mitbestimmung. Eine andere Mitbestimmungsform ist z. B. das niederländische Kooptationsmodell.[174] Wenn bei den beteiligten Gesellschaften unterschiedliche Formen bestehen, liegt die Entscheidungsgewalt, welche bei der SE eingeführt werden soll, nach § 34 Abs. 2 SEBG beim BVG. Die Entscheidung ist von der Zustimmung der Leitungen unabhängig. Die Vorschrift wurde als Sonderregelung für die SE-Gründung durch Verschmelzung oder durch Errichtung einer Tochter-SE oder einer Holding-SE (§ 34 Abs. 1 Nr. 2 und 3) eingefügt.

Nach § 38 Abs. 1 SEBG sind alle Organmitglieder des Aufsichts- bzw. Verwaltungsrats der SE gleichgestellt, die Arbeitnehmervertreter haben somit die gleichen Rechte. Der Vorsitz (bei paritätischer Mitbestimmung) gebührt jedoch den Anteilseignern. Zu beachten ist, dass der Vorsitzende bei Stimmengleichheit eine Zweitstimme hat. Im Ergebnis gleicht dies also der deutschen Regelung zur paritätischen Mitbestimmung.

Die Verteilung der zur Verfügung stehenden Arbeitnehmersitze auf die Mitgliedsstaaten ist Aufgabe des SE-Betriebsrats. Es müssen jedoch die Vorgaben des § 36 Abs. 1 SEBG beachtet werden. Hinsichtlich des Wahlverfahrens verweist § 36 Abs. 3 SEBG auf das Verfahren zur Wahl in das BVG.

### *b) Arbeitsdirektor gem. § 38 SEBG*

Die gesetzliche „Auffanglösung" (§§ 34 – 38 SEBG) wird durch § 38 SEBG abgerundet. In § 38 Abs. 2 SEBG findet sich die im deutschen Mitbestimmungsrecht[175] etablierte Funktion eines Arbeitsdirektors auch bei der SE wieder. § 38 Abs. 2 SEBG[176] legt fest, dass die Zahl der Mitglieder

---

174 Darunter ist ein auf einzelne Mitglieder des Aufsichts- oder Verwaltungsorgans bezogenes Empfehlungs- oder Ablehnungsrecht zu verstehen (§ 2 Abs. 12 Nr. 2 SEBG).

175 Vgl. § 33 MitbestG.

176 Überwiegend wird die Statuierung der Figur des Arbeitsdirektors durch § 38 Abs. 2 SEBG angenommen, vgl. Münchener Kommentar-*Reichert/Brandes* (Fn. 39), Art. 50 SE-VO Rn. 31; Nagel/Freis/Kleinsorge-*Nagel* (Fn. 121), § 38

des Leitungsorgans bzw. der geschäftsführenden Direktoren mindestens zwei beträgt, wobei einer von ihnen für den Bereich Arbeit und Soziales zuständig ist. Diese Regelung gilt somit sowohl im Rahmen der monistischen, als auch der dualistischen Unternehmensverfassung. Fraglich ist allerdings ob der Arbeitsdirektor eine gegenüber den anderen Mitgliedern des Leitungsorgans gleichberechtigte Stellung haben muss. Im Gegensatz zu § 33 Abs. 1 MitbestG, der die Gleichberechtigung des Arbeitsdirektors ausdrücklich anordnet, wird für die SE lediglich bestimmt, dass ein Mitglied des Leitungsorgans das Ressort „Arbeit und Soziales" übernehmen muss. Eine „Gleichberechtigung" dieses Mitglieds mit den anderen Mitgliedern des Leitungsorgans ordnet das Gesetz nicht ausdrücklich an. Vielmehr enthält § 38 Abs. 1 SEBG eine entsprechende Klarstellung lediglich für „die Arbeitnehmervertreter im Aufsichts- und Verwaltungsorgan der SE". Das spricht dafür, dass die Position des Arbeitsdirektors in der SE ihrer gesetzlichen Ausgestaltung nach nicht zwingend auf eine gleichberechtigte Position ausgerichtet ist.[177]

### *c) Exkurs: Trotz Überschreiten der Schwellenwerte nicht mitbestimmte Gesellschaft*

Fraglich ist, zu welchem Ergebnis die gesetzliche Auffanglösung führt, wenn eine Gesellschaft in eine SE umgewandelt werden soll, bei der bei korrekter Anwendung der Bestimmungen des Mitbestimmungsgesetzes bzw. des Drittelbeteiligungsgesetzes Arbeitnehmervertreter in den Aufsichtsrat zu wählen wären, der Aufsichtsrat tatsächlich jedoch nicht mitbestimmt ist.

Wandelt man eine deutsche Kapitalgesellschaft (AG oder – mittelbar – eine GmbH) in eine SE um, so führt dies dazu, dass nach der Auffanglösung das zum Zeitpunkt der Umwandlung einschlägige Mitbestimmungsstatut festgeschrieben wird. Hier stellt sich nun die Frage, welches das in Gesellschaft zum Zeitpunkt der Umwandlung einschlägige Mitbestimmungsstatut ist; dasjenige, das faktisch gelebt wird (mitbestimmungsfreier Aufsichtsrat) oder dasjenige, das mitbestimmungsrechtlich anzuwenden wäre, wenn die Geschäftsführung das Statusverfahren pflichtgemäß eingeleitet und durchgeführt hätte.

---

SEBG Rn. 5; *Krause*, Die Mitbestimmung der Arbeitnehmer in der Europäischen Gesellschaft, BB 2005, 1228; *Thamm*, Die Organisationsautonomie der monistischen Societas Europaea bezüglich ihrer geschäftsführenden Direktoren, NZG 2008, 132, 133, Fn. 13 bezweifelt allerdings die Wirksamkeit des § 38 Abs. 2 SEBG, da die abschließende SE-RL keinen Arbeitsdirektor kenne.

[177] Münchener Kommentar-*Reichert/Brandes* (Fn. 39), Art. 50 SE-VO Rn. 31.

Die Frage, ob auf das effektive oder aber das objektiv richtige Mitbestimmungsstatut abgestellt werden muss, wurde bislang von der Rechtsprechung noch nicht entschieden. Der wissenschaftlichen Literatur lässt sich bislang ein eindeutiges Ergebnis ebenso wenig entnehmen. Da die zu Grunde liegende europäische Richtlinie 2001/86/EG des Rates vom 8. Oktober 2001 von der „Sicherung erworbener Rechte der Arbeitnehmer" spricht, könnte argumentiert werden, bevor das einschlägige Mitbestimmungsstatut auch tatsächlich praktiziert wird, hätten die Arbeitnehmer keine Rechte „erworben". Dies wird dadurch gestützt, dass auch außerhalb der SE-Gründung ein Aufsichtsrat regelmäßig erst dann paritätisch bzw. zu einem Drittel mit Arbeitnehmervertretern zu besetzen ist, wenn im Rahmen des Statusverfahrens nach § 97 Abs. 1 AktG festgestellt wird, dass der Aufsichtsrat derzeit nicht richtig zusammengesetzt ist. Wird gemäß § 98 AktG das zuständige Gericht angerufen, gestaltet es durch Beschluss, wie der Aufsichtsrat richtig zu besetzen ist. Hintergrund ist, dass bis zur gerichtlichen Entscheidung regelmäßig die Sachlage und deren rechtliche Konsequenzen nicht eindeutig ist. Solange keine Feststellung nach § 97 Abs. 1 AktG oder eine rechtskräftige gerichtliche Entscheidung vorliegt, kann also nicht von „erworbenen" Rechten gesprochen werden.

Die wohl stärkeren Argumente sprechen allerdings dafür, auf die objektive Rechtslage abzustellen.[178] Das SEBG will den mitbestimmungsrechtlichen *status quo* der umzuwandelnden Gesellschaft in der SE erhalten. Dementsprechend sollen bei einer Gründung durch Umwandlung alle Komponenten der Mitbestimmung der Arbeitnehmer weiterhin Anwendung finden beziehungsweise die vor der Umwandlung bestehende „Regelung zur Mitbestimmung" erhalten bleiben (§ 35 Abs. 1 SEBG). Die Aufnahme des Umwandlungstatbestandes als eine der Optionen zur Gründung einer SE war vor ihrer Einführung besonders umstritten, weil darin die Gefahr gesehen wurde, dass dieser als Instrument zur „Flucht aus der Mitbestimmung" genutzt würde und damit den Erhalt der erworbenen Rechte aushöhlen könnte. In Erwägungsgrund 18 zur Richtlinie 2001/86/EG wird deshalb festgehalten, dass die Sicherung erworbener Rechte der Arbeitnehmer über ihre Beteiligung an Unternehmensentscheidungen fundamentaler Grundsatz und erklärtes Ziel seien. Die vor der Gründung der SE bestehenden Rechte der Arbeitnehmer sollten deshalb Ausgangspunkt auch für die Gestaltung ihrer Beteiligungsrechte in der SE (Vorher-Nachher-Prinzip) sein.

Zur Missbrauchsverhinderung wird überdies in Art. 11 der Richtlinie den Mitgliedstaaten aufgegeben, im Einklang mit den gemeinschaftlichen Rechtsvorschriften geeignete Maßnahmen zu treffen, um zu verhindern,

---

178 So wohl Lutter/Hommelhoff-*Oetker* (Fn. 1), § 34 SEBG Rn. 15.

dass eine SE dazu missbraucht wird, Arbeitnehmern Beteiligungsrechte zu entziehen oder vorzuenthalten. Es dürfte kaum das intendierte Ziel der europarechtlichen Regelungen zur Mitbestimmung bei der SE sein, Zustände „einzufrieren", die auf pflichtwidrigem Verhalten der Unternehmensleitung beruhen.

Sinn und Zweck der Regelungen in der Richtlinie sowie dem SEBG sprechen somit dafür, auf die objektive Rechtslage abzustellen, mithin zu ignorieren, dass die Drittelbeteiligung bzw. die paritätische Mitbestimmung in der Aktiengesellschaft nicht bestand.

Sich entgegen dieser Ansicht allein auf die tatsächliche (Nicht-) Mitbestimmungssituation zu stützen, birgt das Risiko, dass später die unrichtige Besetzung des Aufsichtsrates geltend gemacht wird und sich die aufwändige Gründung der SE als nicht zielführend herausstellt.

Überdies kann der Unterschied zwischen der effektiv gelebten und der mitbestimmungsrechtlich vorgegebenen Situation noch im Verfahren über die Einführung der SE bemerkt und durch Einleitung eines Statusverfahrens seitens der Belegschaft oder einer im Unternehmen vertretenen Gewerkschaft beseitigt werden. Die Umwandlung in eine SE stellt daher in der Regel kein taugliches Instrument dar, um eine Mitbestimmung zu vermeiden, die bereits vor der Umwandlung gesetzlich eigentlich einschlägig war. Spätestens im SE-Gründungsverfahren dürfte die Abweichung vom deutschen Mitbestimmungsrecht „publik" (also auf Gewerkschaftsebene bekannt) werden.

## *7. Wiederaufnahme von Verhandlungen*

Der Abbruch oder die Nichtaufnahme des Verhandlungsverfahrens durch einen Beschluss nach § 16 SEBG muss nicht endgültig sein. Das Verfahren kann unter den Voraussetzungen des § 18 SEBG wiederaufgenommen werden. Initiative können die Arbeitnehmer selbst nach Ablauf von zwei Jahren – oder bei entsprechender Vereinbarung auch früher – ergreifen, wenn mindestens 10 % die Wiederaufnahme schriftlich verlangen (§ 18 Abs. 1 SEBG).

Ebenso finden neue Verhandlungen – und zwar auch dann, wenn zuvor eine Vereinbarung getroffen worden war oder die Auffanglösung Anwendung fand – statt, sofern strukturelle Änderungen der SE geplant werden, die geeignet sind, die Beteiligungsrechte der Arbeitnehmer zu mindern.[179]

---

[179] Wichtig ist es, sich vor Augen zu halten, dass *beide* Voraussetzungen kumulativ vorliegen müssen: eine strukturelle Änderung muss geplant sein *und* diese muss geeignet sein, Beteiligungsrechte zu mindern. Liegt eine der Voraussetzungen

In diesem Fall muss jedoch nicht zwingend ein neues Verhandlungsgremium gebildet werden. Die Verhandlungen können dann von dem SE-Betriebsrat gemeinsam mit Vertretern der betroffenen Arbeitnehmer geführt werden. § 18 Abs. 3 S. 1 SEBG lässt offen, wann ein Sachverhalt der strukturellen Änderung gegeben ist.[180]

Die Begründung zum Regierungsentwurf des SEBG enthält einige Beispiele für strukturelle Änderungen i. S. v. § 18 SEBG. Strukturelle Änderungen liegen danach insbesondere dann vor, wenn sich das Mitbestimmungsniveau durch die Abspaltung oder die Aufnahme von Gesellschaften verändert. Eine relevante Veränderung soll danach gegeben sein, wenn eine SE, in der keine oder eine geringer Stufe der Arbeitnehmerbeteiligung besteht, ein mitbestimmtes Unternehmen mit einer größeren Arbeitnehmerzahl aufnimmt,[181] wenn also zum Beispiel auf eine „drittel"-mitbestimmte SE eine Gesellschaft verschmolzen wird, die ein höheres Mitbestimmungsniveau (paritätische Mitbestimmung) aufweist.[182]

Die bloße Änderung von Arbeitnehmerzahlen zählt allerdings nicht hierzu, insbesondere das bloße Überschreiten von Schwellenwerten bei

---

nicht vor, ist eine neue Verhandlung über die Mitbestimmung nicht geboten. Lutter/Hommelhoff-*Oetker* (Fn. 1), § 18 SEBG Rn. 15, 18.

180 Anders ist dies in Österreich. § 228 Abs. 2 ArbVG enthält zumindest einen nicht abschließenden Katalog entsprechender Tatbestände. Danach können unter strukturelle Änderungen der Gesellschaft insbesondere fallen: der Wechsel vom dualistischen in das monistische System (und umgekehrt), die Verlegung des Sitzes der SE in einen anderen Mitgliedsstaat, die Stilllegung oder Einschränkung von Unternehmen oder Betrieben der SE bzw. deren Zusammenschluss sowie der Erwerb wesentlicher Beteiligungen an anderen Unternehmen. Dieses Verständnis der strukturellen Änderungen ist jedoch zu weit, vielmehr ist eine Beschränkung der strukturellen Änderungen auf gründungsähnliche Vorgänge oder korporative Akte von erheblichem Gewicht angebracht. Für eine restriktive Auslegung auch Ulmer/Habersack/Henssler-*Henssler* (Fn. 48), Einl. SEBG Rn. 209; Münchener Kommentar-*Jacobs* (Fn. 39), § 18 SEBG Rn. 12; *Wollburg/Banerjea*, Die Reichweite der Mitbestimmung in der Europäischen Gesellschaft, ZIP 2005, 277, 278 f.; *Seibt*, Privatautonome Mitbestimmungsvereinbarungen – Rechtliche Grundlagen und Praxishinweise, AG 2005, 413, 427. Ein Streit über die Frage, ob eine Änderung eine „strukturelle" i. S. v. § 18 Abs. 3 S. 1 SEBG ist, kann bis zu einer Auslegung durch den EuGH führen.

181 BR-Drs. 438/04, S. 127; *Nagel*, Die Europäische Aktiengesellschaft (SE) in Deutschland – der Regierungsentwurf zum SE-Einführungsgesetz, NZG 2004, 833, 839; *Herfs-Röttgen*, Probleme der Arbeitnehmerbeteiligung in der Europäischen Aktiengesellschaft, NZA 2002, 358, 365; *Kleinsorge*, Europäische Gesellschaft und Beteiligungsrechte der Arbeitnehmer, RdA 2002, 343, 351.

182 Vgl. *Wollburg/Banerjea* ZIP 2005, 282; *Herfs-Röttgen*, NZA 2002, 358, 365; *Kleinsorge*, RdA 2002, 343, 351 (für die Richtlinie).

den Arbeitnehmerzahlen wie in § 34 Abs. 1 Nr. 2 und 3, wenn damit – wie etwa bei der bloßen Einstellung oder Entlassung von Arbeitnehmern – nicht zugleich ein korporativer Akt verbunden ist. Das belegt § 5 Abs. 4 SEBG, der ausdrücklich zwischen „Änderungen in der Struktur" und Änderungen in der „Arbeitnehmeranzahl" unterscheidet.[183] Wird also der Schwellenwert des § 34 Abs. 1 Nr. 2 SEBG bei der Gründung der SE durch Verschmelzung zweier mitbestimmungsfreier Gesellschaften nicht überschritten und erhöht sich nach Gründung der SE die Arbeitnehmerzahl durch Neueinstellungen auf über 500 Arbeitnehmer, bleibt die SE dennoch mitbestimmungsfrei.[184] Konsequent wird das auch für § 34 Abs. 1 Nr. 3 SEBG angenommen.[185] Wenn die nach § 34 Abs. 1 Nr. 3 SEBG maßgeblichen Schwellenwerte in einer an der Gründung beteiligten Gesellschaft, die ihre Rechtspersönlichkeit behält, nach der Gründung überschritten werden oder die Gesellschaft erstmals die maßgeblichen Schwellenwerte für das Eingreifen der nationalen Mitbestimmungsregelungen (§§ 1 Abs. 1 MitbestG, 1 Abs. 1 DrittelbG) überschreitet, bleibt die SE dennoch mitbestimmungsfrei. Dasselbe Prinzip gilt jedoch auch, wenn die Schwellenwerte später unterschritten werden.[186] Hatte eine deutsche AG vor ihrer Umwandlung in eine SE über 2000 Mitarbeiter und ist der Aufsichtsrat der SE – wegen Eingreifens der Auffangregelung (§§ 34 ff. SEBG) – deswegen paritätisch mitbestimmt, bleibt die SE auch dann paritätisch mitbestimmt, wenn bei der SE die Mitarbeiterzahl sodann unter den Schwellenwert des MitbestG sinkt.

Nach Art. 8 Abs. 1 Satz 2 SE-VO bleibt die Rechtspersönlichkeit der SE bei einer Verlegung des Sitzes einer SE aus einem anderen Mitgliedsstaat nach Deutschland bestehen. Die Sitzverlegung hat daher keine Auswirkungen im Sinne des § 18 SEBG, solange keine zusätzlichen Veränderungen in der Struktur der SE eintreten.[187]

Keine Gefahr von strukturellen Änderungen im Sinne des § 18 Abs. 3 S. 1 SEBG besteht, wenn eine mitbestimmungsfreie SE sämtliche Anteile einer mitbestimmten deutschen AG erwirbt. Darin liegt zum einen kein

---

183 Münchener Kommentar-*Jacobs* (Fn. 39), § 18 SEBG Rn. 6, 12, 18.

184 *Wisskirchen/Prinz*, Das Gesetz über die Beteiligung der Arbeitnehmer in einer Europäischen Gesellschaft, DB 2004, 2638, 2642; *Wollburg/Banerjea* ZIP 2005, 282; abw. *Nagel*, NZG 2004, 833, 839; *Niklas*, NZA 2004, 1200, 1205.

185 Münchener Kommentar-*Jacobs* (Fn. 39), § 18 SEBG Rn. 18.

186 Ebenso *Müller-Bonanni/Melot de Beauregard*, GmbHR 2005, 195, 197 f.; Münchener Kommentar-*Jacobs* (Fn. 39), § 18 SEBG Rn. 18.

187 Nagel/Freis/Kleinsorge-*Freis* (Fn. 121), § 18 SEBG Rn. 11; Jannott/Frodermann-*Hunger* (Fn. 1), 9. Kapitel Rn. 37; Jannott/Frodermann-*Kienast* (Fn. 1), 13. Kapitel Rn. 193, 200.

korporativer Akt, zum anderen werden die bestehenden Mitbestimmungsrechte der Arbeitnehmer aufgrund der Regelung des § 47 Abs. 1 SEBG nicht tangiert.[188] Hiernach bleiben die nationalen Mitbestimmungsrechte in der erworbenen Gesellschaft erhalten. Dies wird auch bei einer von einem Treuhänder gegründeten Vorrats-SE gelten, die beispielweise einer britischen Limited und einer mitbestimmten deutschen AG Übernahmeangebote macht.[189] Eine Holding-SE ist durch den Erwerb der beiden letztgenannten Gesellschaften nicht entstanden. Vielmehr bestand die SE ja schon, war also schon gemäß den einschlägigen Gründungsvorschriften z. B. als Tochter-SE gegründet, mit den dabei (gegebenenfalls) zu beachtenden Vorschriften zur Arbeitnehmerbeteiligung. Deshalb setzt sich die Mitbestimmung in der deutschen AG nach §§ 34 Abs. 1 Nr. 3, 35 Abs. 2 S. 1, 2. Alt. SEBG nicht in der SE fort; lediglich in der AG bestehen die bereits vorhandenen Mitbestimmungsrechte fort. Eine Korrektur könnte im Einzelfall allenfalls nach dem in § 43 SEBG normierten Verbot des Rechtsmissbrauchs vorgenommen werden.[190]

### *8. SE-Betriebsrat*

Anders als bei den gesetzlichen Auffangregelungen zur Mitbestimmung im Aufsichts- oder Verwaltungsrat der SE nach den §§ 34 ff. SEBG gilt für alle Gründungswege einheitlich, dass die Arbeitnehmer grenzüberschreitend zu unterrichten und anzuhören sind. Um dieses unverzichtbare Verfahren sicherzustellen, ist als Vertretungsorgan und weiteres Gremium der Arbeitnehmer auf betrieblicher Ebene ein SE-Betriebsrat zu bilden. Die §§ 22-33 SEBG regeln dessen Errichtung und Beteiligung kraft Gesetzes. Gem. §§ 28, 29 SEBG ist der SE-Betriebsrat mindestens einmal jährlich unter Vorlage bestimmter Unterlagen zu unterrichten und anzuhören, ebenso über außergewöhnliche Umstände. Die §§ 28, 29 SEBG sind eng an §§ 32, 33 EBRG angelegt. Während sich § 33 Abs. 1 EBRG im Falle außergewöhnlicher Umstände jedoch auf ein Unterrichtungs- und Anhörungsrecht beschränkt, hat der SE-Betriebsrat gem. § 29 Abs. 2 SEBG das Recht auf Erörterung in gemeinsamer Sitzung mit der Leitung der SE, unter Umständen kann der SE-Betriebsrat auch eine nochmalige Beratung erzwingen, § 29 Abs. 4 SEBG. Der SE-Betriebsrat bleibt jedoch darauf

188 Münchener Kommentar-*Jacobs* (Fn. 39), § 18 SEBG Rn. 17.
189 Münchener Kommentar-*Jacobs* (Fn. 39), § 18 SEBG Rn. 17.
190 Münchener Kommentar-*Jacobs* (Fn. 39), § 18 SEBG Rn. 17.

angewiesen, die Entscheidungen der zuständigen Organe argumentativ zu beeinflussen; ein Vetorecht steht ihm nicht zu.[191]

Hinsichtlich der Zusammenstellung sowie der Entsendung deutscher Mitglieder in den SE-Betriebsrat kann auf die bereits beschriebenen Wahlgrundsätze zur Bildung des BVG verwiesen werden (vgl. § 5 Abs. 1 SEBG). Der einzige Unterschied besteht nach dem Wortlaut des § 23 Abs. 1 S. 1 SEBG darin, dass nicht auf alle an der Gründung der SE beteiligten Gesellschaften abgestellt werden soll, sondern auf die „SE, ihre Tochtergesellschaften und Betriebe". Diese abweichende Anknüpfung ist damit zu begründen, dass bei der Gründung einer Holding-SE oder einer Tochter-SE neue Gesellschaften entstehen, die Arbeitnehmer beschäftigen und die ebenfalls im SE-Betriebsrat vertreten sein sollen. Hinzu kommt, dass auch bei einer SE-Gründung durch Verschmelzung eine Wahl durch die Mitglieder der Gründungsgesellschaften nicht in Betracht kommt, da die Gründungsgesellschaften mit der Eintragung der SE erlöschen. Deshalb ist bei der Bildung des SE-Betriebsrats nicht auf die Gründungsgesellschaften, sondern auf die SE und ihre Tochtergesellschaften und Betriebe abzustellen.

## VI. Gesellschaftsrechtliche Fragestellungen, praktische Probleme und Lösungen

### *1. Gründung einer ausländischen Kapitalgesellschaft*

Wie zu Beginn festgestellt, bedarf die SE-Gründung eines grenzüberschreitenden Bezugs. Ist ein solcher nicht (in ausreichendem Maße) gegeben, kann eine SE-Gründung insbesondere durch Verschmelzung einer neu gegründeten oder als Vorratsgesellschaft erworbenen ausländischen Aktiengesellschaft mit einer deutschen AG erfolgen. Ideal, weil im Verfahren vereinfacht, ist dabei die Verschmelzung einer Tochtergesellschaft auf die deutsche Muttergesellschaft. Die Gründung einer solchen Tochtergesellschaft in der Rechtsform der Aktiengesellschaft kann in jedem beliebigen EU (EWR)-Mitgliedsstaat nach dortigen Gründungsvorschriften erfolgen.

Für die Gründung einer Tochtergesellschaft in Österreich spricht zunächst die – wie oben ausgeführt „grundsätzlich" – gleiche Sprache, die Übersetzungszeit und -kosten erspart. Zudem kann in Österreich umfangreich mit Vollmachten gearbeitet werden, so dass Reisekosten entfallen.

---

[191] Lutter/Hommelhoff-*Oetker* (Fn. 1), § 29 SEBG Rn. 3.

Dies gilt auch für notarielle Beurkundungen und Beglaubigungen durch deutsche Notare, die in Österreich auch ohne Apostille anerkannt sind.

Die Eintragung der neu gegründeten AG im österreichischen Firmenbuch erfolgt recht kurzfristig, in circa vier Wochen. Vorstand der neuen Tochter-AG kann beispielsweise ein Mitglied der Geschäftsleitung der deutschen Mutter-AG, Aufsichtsratsmitglieder können die Vorstandsmitglieder der deutschen Gesellschaft werden.

### *2. Vereinfachungen bei einer Tochter- Mutter- Verschmelzung*

Im Normalfall gehören ein Verschmelzungsbericht[192] des Vorstandes der beteiligten Gesellschaften, die Verschmelzungsprüfung und ein Verschmelzungsprüfungsbericht[193] zu den notwendigen Verschmelzungsvoraussetzungen bzw. -unterlagen. Des Weiteren sind im Verschmelzungsplan grundsätzlich Angaben zum Umtauschverhältnis der Aktien unter Zugrundelegung der jeweiligen Unternehmensbewertung, zur Übertragung der Aktien an der aufnehmenden Gesellschaft (in Verbindung mit einer regelmäßig erforderlichen Kapitalerhöhung) und zur Gewinnberechtigung dieser neuen Aktien zu machen.[194]

Für den Fall, dass eine Tochtergesellschaft auf ihre Muttergesellschaft verschmolzen wird, und letztere sämtliche[195] stimmberechtigten und stimmrechtslosen Anteile an der Tochter hält, sehen Art. 31 Abs. 1 SE-VO

---

192 Art. 18 SE-VO i. V. m. § 8 UmwG. Umstritten ist, ob auch ein gemeinsamer Verschmelzungsbericht durch die Vertretungsorgane der deutschen und der ausländischen Gesellschaft zulässig ist. Aus deutscher Sicht wird dies für zulässig gehalten. Es sei jedoch immer zu beachten, ob auch die ausländische Rechtslage (wenn sie einen Verschmelzungsbericht verlangt) einen gemeinsamen Bericht zulässt; *Spitzbart*, RNotZ 2006, 369, 391 f.; Jannott/Frodermann-*Jannott* (Fn. 1), 3. Kapitel Rn. 56. Durch die Vorgaben in Art. 8 Abs. 2 VRL sind auch diejenigen Mitgliedsstaaten, die eine gemeinsame Prüfung bisher nicht kennen, verpflichtet, entsprechende Rechtsgrundlagen zumindest für die grenzüberschreitende Verschmelzung zu schaffen; *Klein*, RNotZ 2007, 565, 593.

193 Art. 22 SE-VO lässt die Bestellung eines gemeinsamen Prüfers und die Erstellung eines einheitlichen Prüfungsberichts zu, vgl. Münchener Kommentar-*Schäfer* (Fn. 39), Art. 22 SE-VO Rn. 1, 10; Van Hulle/Maul/Drinhausen-*Teichmann* (Fn. 28), S. 68; *Spitzbart*, RNotZ 2006, 369, 392.

194 Art. 20 Abs. 1 lit. a) bis i) SE-VO.

195 Erleichterungen bei nur 90 %-iger Beteiligung sieht Art. 31 Abs. 2 SE-VO vor, aber unter dem Vorbehalt, dass diese auch nach nationalem Recht vorgesehen sind. Dies ist in Deutschland nicht der Fall, siehe Münchener Kommentar-*Schäfer* (Fn. 39), Art. 31 SE-VO Rn. 8; *Walden/Meyer-Landrut*, Die grenzüber-

und § 8 Abs. 3 UmwG[196] Erleichterungen vor, so dass die vorgenannten Verschmelzungsvoraussetzungen[197] nicht erfüllt werden müssen. Zu beachten ist dabei, dass von Vereinfachungsmöglichkeiten, die die SE-VO nicht selbst vorsieht, sondern lediglich das nationale Umwandlungsrecht, nur Gebrauch gemacht werden kann, wenn alle involvierten Rechtsordnungen übereinstimmend den Verzicht auf bestimmte Voraussetzungen ermöglichen. Bezogen auf den Verschmelzungsbericht ist dies nach deutschem und österreichischem Recht bei einer Tochter- Mutter- Verschmelzung der Fall, so dass im größtmöglichen Umfang Vereinfachungsmöglichkeiten wie bei einer rein deutschen Verschmelzung genutzt werden können.

---

schreitende Verschmelzung zu einer Europäischen Gesellschaft: Planung und Vorbereitung, DB 2005, 2119, 2126.

196 Art. 31 SE-VO sieht eine Befreiung vom Erfordernis einer Verschmelzungsprüfung vor, wenn die Mutter alle Stimmrechtsanteile hält, während § 9 Abs. 3 i. V. m. § 8 Abs. 3 S. 1 UmwG auf sämtliche Anteile, einschließlich etwaiger stimmrechtsloser Anteile abstellt. Fraglich ist, ob § 8 Abs. 3 S. 1 UmwG insoweit neben Art. 31 Abs. 1 SE-VO überhaupt anwendbar ist und strengere Anforderungen stellen darf. Art. 31 SE-VO als die speziellere und ranghöhere Norm muss vorgehen und die Voraussetzungen, unter denen die dort genannten Erleichterungen greifen, abschließend regeln. Münchener Kommentar-*Schäfer* (Fn. 39), Art. 31 SE-VO Rn. 7. Allerdings ist die Erleichterung, die § 8 Abs. 3 UmwG vorsieht, nämlich den Wegfall des Verschmelzungsberichts, von Art. 31 Abs. 1 Satz 2 SE-VO zugelassen. Münchener Kommentar-*Schäfer* (Fn. 39), Art. 31 SE-VO Rn. 7.

197 Gemäß Art. 31 Abs. 1 SE-VO findet unter anderem Art. 22 SE-VO keine Anwendung. Art. 22 SE-VO wiederum regelt eigentlich nur die Möglichkeit eines gemeinsamen Verschmelzungsprüfers. Man könnte Art. 31 SE-VO so verstehen, dass er die Möglichkeit der Bestellung eines gemeinsamen Prüfers ausschließt. Das wäre, worauf Münchener Kommentar-*Schäfer* (Fn. 39), Art. 31 SE-VO Rn. 5, zutreffend hinweist, konträr zum erkennbaren Ziel von Art. 31 SE-VO, gegenüber dem Regelfall Privilegierungen für die Tochter- Mutter- Verschmelzung zu schaffen. Siehe dort auch in Fn. 13 zum Meinungsstand. Art. 31 SE-VO befreit also nach zutreffendem Verständnis vom Prüfungserfordernis allgemein.

## 3. *Formalia bei Verschmelzungsplan, Hauptversammlungen, Vollmachten*

### *a) Beurkundungen*

Der Verschmelzungsplan (bei deutschen Verschmelzungen lautet die Begrifflichkeit „Verschmelzungsvertrag") ist nach ganz herrschender Auffassung zu beurkunden.[198] Umstritten ist, ob eine ausländische Beurkundung genügen würde.[199] Wie immer, wenn etwas umstritten ist und keine zwingenden Gründe für ein Risiko bestehen, bleibt nur der sichere Weg, hier also die Beurkundung durch einen deutschen Notar. Hierbei ist zu beachten, dass Partei des Verschmelzungsplans auch die österreichische übertragende AG ist, denn eine gesonderte Beurkundung vor einem österreichischen Notar ist nach österreichischen Recht nicht erforderlich. Damit ist zugleich das Erfordernis „gleichlautender Verschmelzungspläne"[200] erfüllt, da es einen gemeinsamen Verschmelzungsplan gibt. Der Verschmelzungsplan wird also vom Vorstand der deutschen und vom Vorstand der österreichischen AG in notariell beurkundeter Form unterzeichnet.

Die Hauptversammlung der deutschen aufnehmenden AG zur Zustimmung zum Verschmelzungsplan ist ebenso wie die der österreichischen AG zu beurkunden.[201] Für letztere kann eine notariell beglaubigte Vollmacht des Gesellschafters der österreichischen AG – im Falle der Tochter- Mutter- Verschmelzung ist Gesellschafter die deutsche AG, vertreten durch ihren Vorstand – ausgestellt werden, so dass die Hauptversammlung bspw. in Wien von dortigen Rechtsanwälten vor einem Notar beurkundet werden kann.

---

198 Vgl. Van Hulle/Maul/Drinhausen-*Teichmann* (Fn. 28), S. 66; Jannott/Frodermann-*Jannott* (Fn. 1), 3. Kapitel Rn. 38; *Teichmann*, Die Einführung der Europäischen Aktiengesellschaft, ZGR 2002, 383, 419 f.

199 So Van Hulle/Maul/Drinhausen-*Teichmann* (Fn. 28), S. 66 m.w.Nw.; ablehnend Münchener Kommentar-*Schäfer* (Fn. 39), Art. 20 SE-VO Rn. 7, der nur „gleichwertige" Beurkundungen nach den Maßstäben der deutschen Rechtsprechung zulassen will.

200 Art. 26 Abs. 3 SE-VO.

201 Sofern Verschmelzungsplan und Hauptversammlung getrennt beurkundet werden, muss die Hauptversammlung nur gemäß § 36 f. BeurkG notariell protokolliert werden. Allerdings ist dann zu beachten, dass diese Form nicht für die Abgabe der möglicherweise (außerhalb der Tochter-Mutter-Verschmelzung) erforderlichen Verzichtserklärungen gemäß § 8 Abs. 3 UmwG genügt. Insoweit ist also wiederum eine Beurkundung gemäß §§ 8 ff. BeurkG erforderlich.

### b) Notarielle Beglaubigungen

Die Einreichung des Entwurfs des Verschmelzungsplans zur Bekanntmachung gemäß § 61 UmwG bedarf keiner Beglaubigung.

Zu beglaubigen sind aber die Unterschriften bei dem Antrag gemäß Art. 25 SE-VO auf Erteilung einer Rechtmäßigkeitsbescheinigung sowie bei dem Antrag auf Eintragung der SE gemäß Art. 26 SE-VO.

### c) Bekanntmachungen

Zunächst ist der Entwurf des Verschmelzungsplans zur Veröffentlichung einzureichen und zwar sowohl beim deutschen Handelsregister als auch in Österreich. Dort kann die Gesellschaft (bzw. die eingeschalteten Rechtsanwälte für diese) aber auch selbst unmittelbar die Bekanntmachung veranlassen. Zu beachten ist, dass auch die von Art. 21 SE-VO i. V. m. § 5 SEAG geforderten Angaben dem Register mitzuteilen und von diesem bekannt zu machen sind.

Des Weiteren wird die Tatsache der Beurkundung des Verschmelzungsplans und des zustimmenden Hauptversammlungsbeschlusses in Österreich veröffentlicht.

Vom deutschen Register wird nach Eintragung der SE diese bekanntgemacht.

## 4. Monistische oder dualistische Unternehmensverfassung der künftigen SE?

Die SE bietet neben dem aus der deutschen AG bekannten dualistischen Modell aus Vorstand und Aufsichtsrat das „monistische" System eines im Grundsatz einheitlichen Verwaltungsrats.[202] Dieser kann differenziert ausgestaltet werden und so eher dem Leitungsmodell einer GmbH mit Geschäftsführung und weisungsbefugter Gesellschafterversammlung entsprechen. Je nach Ausgangsrechtsform der aufnehmenden Gesellschaft (die unter Umständen zwar für die Zwecke der SE-Gründung zunächst in eine AG umgewandelt werden musste, aber eigentlich wie eine GmbH weiter geführt werden soll) kann eher die eine oder die andere Binnenorganisation favorisiert werden. Zur Fortsetzung des monistischen Systems einer

---

202 Vgl. Art. 38 lit. b) SE-VO; auch bei der geplanten SPE soll die monistische sowie die dualistische Organisation möglich sein, vgl. Art. 2 Abs. 1 lit. d) und e) des Vorschlags der europäischen Kommission zur SPE-VO.

GmbH bietet sich daher auch der Erwerb einer monistisch verfassten Vorrats-SE durch den/die GmbH-Gesellschafter an und sodann die Verschmelzung der GmbH auf diese „aktivierte“ SE.[203]

Das monistische System ist in Deutschland für Aktiengesellschaften nicht geregelt. Leitungs- und Überwachungsfunktionen sind bei AGs vielmehr auf verschiedene Organe (Vorstand und Aufsichtsrat) verteilt („dualistisches System“). Das im angelsächsischen, aber auch französischen Rechtsraum bekannte einheitliche Modell ist bei einer SE möglich und gemäß der Ermächtigungsnorm in Art. 43 SE-VO in den §§ 20 – 39 SEAG besonders geregelt, während für das „dualistische System“ weitgehend[204] die §§ 76 – 116 AktG zu Vorstand und Aufsichtsrat Anwendung finden.

Das SEAG sieht auch beim monistischen System eine Trennung zwischen der Geschäftsführung nach innen und der Vertretungsmacht nach außen vor, in Gestalt der zwingend einzusetzenden „geschäftsführenden Direktoren“.

Es bestehen insbesondere folgende Unterschiede, die im Ergebnis eine monistische Leitungsstruktur eher für kleinere Unternehmen, Familiengesellschaften, Konzernmittel- und Konzernuntergesellschaften und für bislang als GmbHs geführte Unternehmen geeignet erscheinen lassen:[205]

– Die Größe des Verwaltungsrats einer kleineren, nicht der Mitbestimmung unterliegenden SE[206] kann per Satzung auch auf nur *ein*[207] Mitglied festgelegt werden, sofern das Grundkapital nicht mehr als 3 Millionen Euro beträgt (§ 23 Abs. 1 S. 2 SEAG), während der Aufsichtsrat einer SE wie bei einer AG immer aus mindestens drei Personen beste-

---

203 S. dazu auch III. 4. a).

204 Mit einzelnen, hier nicht zu erörternden Abweichungen, s. dazu Münchener Kommentar-*Reichert/Brandes* (Fn. 39), Art. 39 SE-VO Rn. 3 ff.

205 Vgl. die Ausführungen bei *Bayer/Schmidt*, AnwBl 2008, 327 und *Lutter/Kollmorgen/Feldhaus*, Die Europäische Aktiengesellschaft – Satzungsgestaltung bei der mittelständischen SE, BB 2005, 2473, zur Gestaltung einer Satzung mit monistischer Leistungsstruktur. Erste rechtstatsächliche Untersuchungen, auch der Studie im Auftrag der EU-Kommission (s. Fn. 5), zeigen, dass ein nicht unerheblicher Anteil an SEs in Deutschland monistisch strukturiert ist. Es ist davon auszugehen, dass viele dieser SEs entweder Vorratsgesellschaften, kleinere Unternehmen oder Familiengesellschaften mit historisch gewachsener GmbH- oder GmbH & Co. KG-Struktur sind.

206 *Bachmann*, Der Verwaltungsrat der monistischen SE, ZGR 2008, 779, 786.

207 Ein Verwaltungsrat mit nur *einem* Mitglied ist jedoch dann nicht möglich, wenn die gesetzliche Auffanglösung greift und gem. § 38 Abs. 2 SEBG schon die Zahl der geschäftsführenden Direktoren mindestens zwei beträgt.

hen muss. Beim einköpfigen Verwaltungsrat kann dann allerdings dieses eine Mitglied nicht zugleich geschäftsführender Direktor sein.[208]

- Der Verwaltungsrat hat die Leitungsmacht: Dies drückt sich insbesondere in der Weisungsbefugnis gegenüber dem geschäftsführenden Direktor und in dessen jederzeitiger Abberufbarkeit auch ohne wichtigen Grund aus. Der geschäftsführende Direktor ist daher mit einem GmbH-Geschäftsführer vergleichbar.
- Der geschäftsführende Direktor und der Verwaltungsratsvorsitzende können ein und dieselbe Person sein, so dass sich die Leitungsmacht und die Vertretung nach außen in einer Person konzentrieren.

Ist hingegen die übernehmende Gesellschaft schon vor der Verschmelzung eine AG und das dualistische Modell mit Vorstand und Aufsichtsrat etabliert, so dürfte keine Notwendigkeit bestehen, hieran im Zuge der Verschmelzung zur SE zu rütteln. Auch könnte die Vermittlung des monistischen Systems gegenüber den Arbeitnehmervertretern im Aufsichtsrat schwieriger sein als bei Fortführung der bisherigen Struktur.

Gegen die Gründung einer monistisch organisierten SE unter Beteiligung einer mitbestimmten Gesellschaft spricht, dass die Arbeitnehmerseite durch Beteiligung am Verwaltungsorgan, also am Leitungsorgan, überproportionalen Einfluss erlangt.[209] War der Aufsichtsrat einer beteiligten deutschen AG beispielsweise bisher paritätisch besetzt, ist in der Praxis damit zu rechnen, dass auch der Verwaltungsrat der SE paritätisch zu besetzen ist.[210] Der Anteil der Arbeitnehmervertreter bezieht sich nicht nur auf die nicht geschäftsführenden Mitglieder.[211] Auch können die Arbeitnehmervertreter wohl nicht – ohne Zustimmung des BVG – von der Position eines (internen, d.h. verwaltungsratsangehörigen) geschäftsführenden Direktors ausgeschlossen werden, denn das wäre mit dem Wortlaut der Richtlinie nicht vereinbar, nach der alle Verwaltungsratsmitglieder mit „denselben Rechten" auszustatten sind.[212]

---

208 *Bachmann*, ZGR 2008, 779, 786; Manz/Mayer/Schröder-*Manz* (Fn. 59), Art. 43 SE-VO Rn. 126. Dies ergibt sich aus § 40 Abs. 1 S. 2 SEAG, wonach die Mehrheit der Verwaltungsratsmitglieder nicht geschäftsführend sein darf. Auch die „kleinste" SE benötigt also mindestens zwei natürliche Personen, um handlungsfähig zu sein. Ein nicht geschäftsführendes Verwaltungsratsmitglied und einen geschäftsführenden Direktor, der nicht zugleich Verwaltungsratsmitglied ist.

209 Lutter/Hommelhoff-*Teichmann* (Fn. 1), Art. 43 SE-VO Rn. 68; Van Hulle/Maul/Drinhausen-*Köklü* (Fn. 28), S. 231 f.; *Bachmann*, ZGR 2008, 779, 796.

210 *Bachmann*, ZGR 2008, 779, 801.

211 Van Hulle/Maul/Drinhausen-*Köklü* (Fn. 28), S. 231 f.

212 *Bachmann*, ZGR 2008, 779, 802; Janott/Frodermann-*Kienast* (Fn. 1), 13. Kapitel Rn. 295 ff.; a. A. Manz/Mayer/Schröder-*Manz* (Fn. 59), Art. 43 SE-

Ein gangbarer Weg, eine monistische Organisation trotz mitbestimmter Gründungsgesellschaften zu ermöglichen, könnte demnach darin bestehen, schon in der Vorgründungsphase eine Mitbestimmungsvereinbarung mit dem BVG zu treffen, nach der die Arbeitnehmervertreter keine geschäftsführenden Direktoren stellen.[213] Aber auch dann, wenn die geschäftsführenden Direktoren nicht Mitglieder des Verwaltungsrats sind (und damit Arbeitnehmervertreter nicht geschäftsführende Direktoren sind), erhalten Arbeitnehmervertreter als Mitglieder des Verwaltungsrates (des Leitungsorgans, nicht eines „bloßen" Aufsichtsorgans) deutlich mehr Einblick und Entscheidungsrechte im operativen Tagesgeschäft. Die „Gewichtsverschiebung" bei Wahl des monistischen Systems bleibt daher auch in dieser Gestaltung zu beachten.

Fraglich ist, ob nach abgeschlossener Gründung der SE ein Wechsel vom monistischen zum dualistischen System oder umgekehrt möglich ist und welche Folgen mit einem solchen Wechsel einhergehen. Eine ausdrückliche Regelung enthalten die anwendbaren Normen nicht, die Zulässigkeit eines Wechsels wird weder bejaht noch verneint. Gründe, die in rechtlicher Hinsicht gegen eine Wechselmöglichkeit sprechen, sind nicht ersichtlich. Ein Wechsel kann durch einfache Satzungsänderung erfolgen.[214] Er könnte jedoch weitreichende Folgen haben, zum Beispiel dann, wenn er eine strukturelle Änderung i. S. v. § 18 Abs. 3 S. 1 SEBG darstellen würde und dadurch neue Verhandlungen über die Arbeitnehmermitbestimmung notwendig würden. In diesem Zusammenhang käme es im Einzelfall darauf an, ob im konkreten Fall der Systemwechsel geeignet wäre, Beteiligungsrechte der Arbeitnehmer zu mindern. Andererseits kann eine Anpassung der Mitbestimmungsvereinbarung auch schon aus rein praktischen Gründen dadurch erforderlich werden, dass in der ursprünglichen Mitbestimmungsvereinbarung keinerlei Vorkehrungen für einen Systemwechsel getroffen wurden, diese also zum Beispiel auf das dualistische System ausgerichtet ist und nun unklar bleibt, inwieweit Arbeitnehmer-

---

VO Rn. 127; *Kallmeyer*, Das monistische System in der SE mit Sitz in Deutschland, ZIP 2003, 1531, 1534.

213 *Bachmann*, ZGR 2008, 779, 799. Als „Vorgründungsphase" begreift Bachmann denjenigen Planungsabschnitt, in welchem noch nicht feststeht, ob die zu gründende SE monistisch oder dualistisch verfasst sein soll. Die Leitungen könnten die Organisation der SE so davon abhängig machen, ob es gelingt, eine für eine monistische Verfassung günstige Mitbestimmungsvereinbarung mit dem BVG zu treffen.

214 Nagel/Freis/Kleinsorge-*Nagel* (Fn. 121), S. 45; *Hommelhoff*, Einige Bemerkungen zur Organisationsverfassung der Europäischen Aktiengesellschaft, AG 2001, 279, 283.

vertreter auch zu (verwaltungsrats-internen) geschäftsführenden Direktoren zu bestellen sind.

Ein Systemwechsel wirft in der Praxis zahlreiche weitere Fragen auf. So zum Beispiel diejenige nach der Besetzung des Verwaltungsrats nach einem Wechsel vom dualistischen zum monistische System. Ein solcher Wechsel könnte dazu führen, dass alle Mitglieder der bisherigen Leitungs- und Aufsichtsorgane automatisch Verwaltungsratsmitglieder werden, die Mitglieder des bisherigen Leitungsorgans zugleich geschäftsführende Direktoren. Gegen die Annahme einer solchen Organkontinuität spricht jedoch, dass die Organe nicht wesensgleich sind. Voraussetzung von Organkontinuität ist zum Beispiel, dass auf das Organ vorher und nachher dieselben Normen anwendbar sind.[215] Schon das ist bei einem Systemwechsel nicht der Fall, denn während auf Leitungs- und Aufsichtsorgan §§ 15-19 SEAG, Art. 39-42 SE-VO anwendbar sind, sind auf den Verwaltungsrat §§ 20-49 SEAG, Art. 43-45 SE-VO anwendbar. Gegen eine Organkontinuität spricht auch, dass nach dem Umwandlungsgesetz schon dann keine Organkontinuität gegeben sein soll, wenn ein Formwechsel eines Rechtsträgers mit obligatorischen Aufsichtsrat in einen Rechtsträger neuer Rechtsform mit nur fakultativem Aufsichtsrat stattfindet.[216] Dann kann eine solche erst recht nicht angenommen werden, wenn ein Wechsel von einem Modell mit obligatorischem Aufsichtsorgan zu einem Modell mit artverschiedenem kombiniertem Leitungs- und Aufsichtsorgan stattfindet. Da also keine Organkontinuität besteht, ist im Fall eines Systemwechsels erstmalig ein Aufsichts- und Leitungsorgan bzw. ein Verwaltungsrat zu bestellen.[217]

Zudem ist fraglich, wer den Systemwechsel anzumelden hat. Im dualistischen System sind Satzungsänderungen – und somit auch der Systemwechsel – durch Leitungsorganmitglieder in vertretungsberechtigter Zahl vorzunehmen.[218] Im monistischen System sind die geschäftsführenden Direktoren zuständig. Im Falle eines Systemwechsels sollte dieser vor-

---

215 So zu § 203 UmwG Semler/Stengel-*Simon* (Fn. 91), § 203 UmwG Rn. 3.

216 Semler/Stengel-*Simon* (Fn. 91), § 203 UmwG Rn. 3.

217 S. dazu unten VI. 6. Bei der erstmaligen Gründung eines Aufsichts- und Leitungsorgans bzw. Verwaltungsrats nach einem Systemwechsel könnte man sich am Rechtsgedanken des § 197 UmwG orientieren und die für die SE-Gründung im monistischen/dualistischen System einschlägigen Gründungsvorschriften (analog) anwenden.

218 *Krafka/Willer*, Registerrecht (7. Aufl. 2007), Rn. 1764.

sichtshalber sowohl von den Vertretern des Leitungsorgans als auch von den geschäftsführenden Direktoren angemeldet werden.[219]

## *5. Die Organe der SE: „Vorstand" und „Aufsichtsrat" oder „Leitungs-" und „Aufsichtsorgan"?*

Eine auf den ersten Blick überraschende Frage kann auftauchen, wenn das Registergericht die Begrifflichkeiten der deutschen Fassung der SE-VO und des SEAG wörtlich nimmt. Dort ist nämlich nicht von Vorstand und Aufsichtsrat die Rede, sondern von Leitungs- und Aufsichtsorgan.[220] Nun ist aus Praktikersicht verständlich, dass ein bisheriger Vorstandsvorsitzender auf seiner Visitenkarte und dem Briefkopf künftig nicht als „Vorsitzender des Leitungsorgans" der SE erscheinen will, ebenso wenig wie der Aufsichtsratsvorsitzende „Vorsitzender des Aufsichtsorgans" sein will. Man kann und sollte das mit dem Register im Zuge der Übersendung der Entwürfe abstimmen. Es mag sich anbieten, in der Satzung der künftigen SE etwa eine Formulierung aufzunehmen, dass

„der Vorstand *als Leitungsorgan* der Gesellschaft sich aus … Mitgliedern zusammensetzt",

um dann im weiteren Verlauf nur noch den Begriff des Vorstands zu verwenden, insbesondere auch in der Vertretungsregelung, die im Handelsregister eingetragen wird.[221]

---

219 Wird eine GmbH („monistisches System") in eine AG („dualistisches System") umgewandelt, wird der Formwechsel vom bisherigen Vertretungsorgan angemeldet, Semler/Stengel-*Bärwaldt* (Fn. 91), § 197 UmwG Rn. 50. Insofern könnte man auch vertreten, der Wechsel vom monistischen ins dualistische System müsse nur von den geschäftsführenden Direktoren angemeldet werden.

220 S. Art. 38 ff. SE-VO, §§ 15 ff. SEAG.

221 Laut Lutter/Hommelhoff-*Teichmann* (Fn. 1), Anh. Art. 43 SE-VO (§ 21 SEAG) Rn. 6 ist die Aufgabe des Verwaltungsrates mit derjenigen des Vorstandes zu vergleichen. Insofern müsste es möglich sein, den Verwaltungsrat als Vorstand zu bezeichnen. In der Literatur werden bedauerlicherweise die ungewohnten Begriffe des SEAG verwandt. Die Autoren verfallen aber an der einen oder anderen Stelle selbst, bewusst oder unbewusst, in die vertraute Diktion, ohne hieraus die praktisch durchaus bedeutsame Fragestellung der Zulässigkeit der Benennung gemäß deutschem Aktienrecht abzuleiten. Münchener Kommentar-*Reichert/Brandes* (Fn. 39), Art. 38 SE-VO Rn. 9, gehen wohl davon aus, dass in der SE die Begriffe „Leitungsorgan" und Aufsichtsorgan" zu verwenden seien. Jannott/Frodermann-

### 6. *Bestellung des ersten Aufsichtsrats und des Vorstands*

Es ist in der Literatur umstritten, ob für die durch die Verschmelzung entstehende SE die Bestellung eines ersten Aufsichtsrats und die Neubestellung eines Vorstands durch den Aufsichtsrat notwendig ist. Bei einer Verschmelzung zur Neugründung wird dies generell angenommen.[222] Bei der Verschmelzung durch Aufnahme ist das Meinungsbild uneinheitlich. Eine Neubestellung der Organe ergibt sich zwangsläufig bei einem Wechsel vom dualistischen zum monistischen System, weil hier die Organe als solche nicht bestehen bleiben.[223]

Teilweise wird auf die Vorschriften des deutschen Umwandlungsrechts, hier des Formwechsels (§§ 190 ff. UmwG) verwiesen: Die Verschmelzung sei zwar auch im Falle der Verschmelzung zur Aufnahme immer auch eine Neugründung (da die aufnehmende AG ja zuvor nicht als SE existierte), diese Neugründung sei aber wie ein Formwechsel (der AG in die SE) zu behandeln, so dass die Vorschriften des deutschen Umwandlungsgesetzes insoweit heranzuziehen seien. Sofern sich bei einer SE an der Zusammensetzung des Aufsichtsorgans und des Leitungsorgans weder personell noch bei den mitbestimmungsrechtlichen Grundlagen der Arbeitnehmerbeteiligung im Aufsichtsorgan etwas ändere, so sei Organkontinuität gegeben. Ein erster Aufsichtsrat müsse analog § 203 UmwG nicht bestellt werden, dieser müsse auch den Vorstand nicht neu bestellen.[224]

Andere vertreten die Auffassung, dass sich bei einer SE jedenfalls die Grundlage der Arbeitnehmermitbestimmung immer gegenüber der AG ändert, selbst wenn Zahl und Personen der Arbeitnehmervertreter gleich bleiben.[225] Grundlage der Mitbestimmung im Aufsichtsorgan sei nämlich das Ergebnis der Verhandlungen mit dem BVG und nicht das deutsche Mitbestimmungsrecht, das auf die SE nicht anzuwenden sei.[226] Ob das

---

*Frodermann* (Fn. 1), 5. Kapitel Rn. 17 ff. stellt das Leitungsorgan i. S. d. Art. 39 Abs. 1 SE-VO dem Vorstand gleich.

222 So z. B. *Walden/Meyer-Landrut*, DB 2005, 2119, 2124.

223 Jannott/Frodermann-*Janott* (Fn. 1), 3. Kapitel Rn. 86; auch Manz/Mayer/Schröder-*Manz* (Fn. 59), Art. 40 SE-VO Rn. 10 und *Seibt/Reinhard*, Der Konzern 2005, 407, 421 gehen nicht von einer Amtskontinuität aus.

224 So Jannott/Frodermann-*Janott* (Fn. 1), 3. Kapitel Rn. 254; dagegen *Walden/Meyer-Landrut*, DB 2005, 2119, 2124, unter anderem mit dem Hinweis darauf, dass die SE-VO bei der Verschmelzung nicht auf das nationale Umwandlungsrecht, sondern nur auf das nationale Verschmelzungsrecht verweise, so dass eine Anwendung der §§ 190 ff. UmwG ausscheide.

225 Münchener Kommentar-*Reichert/Brandes* (Fn. 39), Art. 40 SE-VO Rn. 47; *Seibt/Reinhard*, Der Konzern 2005, 407, 421.

226 Münchener Kommentar-*Reichert/Brandes* (Fn. 39), Art. 40 SE-VO Rn. 47.

auch dann als Begründung gilt, wenn in Ermangelung einer Einigung mit dem BVG das deutsche Mitbestimmungsrecht als Auffanglösung gilt, ist soweit ersichtlich nicht diskutiert. Auch hier könnte man argumentieren, dass eine unmittelbare Anwendung des deutschen Rechts nicht gegeben ist, sondern die europarechtlich vorgesehene „Auffanglösung" den Rechtsgrund für die im Ergebnis unveränderte Mitbestimmung darstellt.

Folgt man (also insbesondere das für die SE zuständige Handelsregister) der Auffassung, dass eine Neubestellung erforderlich ist, stellt sich die Frage nach der Form der Bestellung: Gemäß Art. 40 Abs. 2 S. 2 SE-VO kann die Bestellung des ersten Aufsichtsrats in der „Satzung" (statt durch die Hauptversammlung, so der Regelfall gemäß Art. 40 Abs. 2 S. 1 SE-VO) vorgenommen werden. Hierunter sei die „Gründungsurkunde", also der Verschmelzungsplan zu verstehen,[227] der beurkundet werde. Erfolgt also die Bestellung im Verschmelzungsplan selbst oder in der Satzung der SE, die zwingend Anlage und damit Bestandteil des Verschmelzungsplans ist? Letzteres dürfte zutreffend sein.[228]

Allerdings führt die Bestellung des ersten Aufsichtsrats im Verschmelzungsplan dazu, dass der Aufsichtsrat durch die den Verschmelzungsplan unterzeichnenden Vorstände der übertragenden und der übernehmenden AG bestellt wird, also das (voraussichtlich auch bei der SE personengleich bleibende) Leitungsorgan sein eigenes späteres Aufsichtsorgan bestellt.[229]

Es wird deshalb vertreten, dass die Zustimmungsbeschlüsse der Gesellschafterversammlungen der beteiligten Gesellschaften explizit auch die Zustimmung zur Bestellung des Aufsichtsrats enthalten müssen.[230]

Bei der Gestaltung ergibt sich ein weiteres Problem: In der Entwurfsfassung des Verschmelzungsplans und der beizufügenden Satzung, die zum Handelsregister einzureichen, bekannt zu machen und auch dem Betriebsrat zuzuleiten ist, kann die Zusammensetzung des Aufsichtsrats und insbesondere die Nennung der Mitglieder noch nicht enthalten sein. Vor Abschluss der Verhandlungen mit dem Besonderen Verhandlungsgremium steht die spätere Zusammensetzung (Gesamtzahl, Personen, Anteil

227 So Jannott/Frodermann-*Jannott* (Fn. 1), 3. Kapitel Rn. 86, unter Verweis auf Art. 6 SE-VO.

228 Vgl. *Spitzbart*, RNotZ 2006, 369, 377, unter Verweis auf Art. 43 Abs. 3 S. 2 SE-VO; Münchener Kommentar-*Reichert/Brandes* (Fn. 39), Art. 43 SE-VO Rn. 45 unter Hinweis darauf, dass die Bestellung des Verwaltungsrates Teil des Gründungsrechts ist.

229 Münchener Kommentar-*Reichert/Brandes* (Fn. 39), Art. 40 SE-VO Rn. 54.

230 Münchener Kommentar-*Reichert/Brandes* (Fn. 39), Art. 40 SE-VO Rn. 54 a. E., in analoger Anwendung der Regelungen in §§ 59, 76 Abs. 2 Satz 2 UmwG zur Verschmelzung zur Neugründung.

der Arbeitnehmervertreter) des Aufsichtsrats noch nicht fest. Auch kann nur ein Ausblick auf die aufzunehmenden Verhandlungen enthalten sein, während die Endfassung des Verschmelzungsplans die Aussage enthalten wird, dass das Verhandlungsverfahren durchgeführt und wie es abgeschlossen wurde. Kann und sollte man diesbezügliche Passagen daher im Entwurf des Verschmelzungsplans bzw. der Satzung offen lassen? Sollte man eine abstrakte Verweisung auf das durchzuführende Verhandlungsverfahren einfügen?[231] Stellt dann die Endfassung der Satzung, die die Namen der Aufsichtsratsmitglieder enthält, eine Änderung des Entwurfs dar, so dass dieser erneut bekannt zu machen oder dem Betriebsrat erneut zuzuleiten wäre?

Praktikabel ist nach unserer Erfahrung, in die Satzung Formulierungen zur Zusammensetzung des Aufsichtsrats aufzunehmen, in diesen aber Lücken zu lassen zur Anzahl der Aufsichtsratsmitglieder und der Arbeitnehmervertreter und jeweils hinzuzusetzen, dass die Lückenfüllung dem Ergebnis der Verhandlungen mit dem Besonderen Verhandlungsgremium vorbehalten bleibt. Im Verschmelzungsplanentwurf ist zunächst zu beschreiben, dass und nach welchen Vorschriften die Durchführung des Besonderen Verhandlungsverfahrens beabsichtigt ist. In der endgültigen Fassung ist dann beschreibend das durchgeführte Verfahren und sein Ergebnis aufzunehmen. Eine Änderung des Verschmelzungsplans, die eine erneute Bekanntmachung oder Zuleitung an den Betriebsrat erfordern würde, kann hierin nicht liegen, da letztlich nur eine Ausfüllung des Entwurfs nach den schon zuvor dort niedergelegten Regeln der Aufsichtsratszusammensetzung vorgenommen wird. Das schriftlich niedergelegte Verhandlungsergebnis kann als Anlage zum Verschmelzungsplan aufgenommen werden.

Der Aufsichtsrat kann dann unmittelbar im Anschluss an die beiden Hauptversammlungen der übernehmenden und der übertragenden AG zu seiner konstituierenden Sitzung zusammentreten und darin den Vorsitzenden und den stellvertretenden Vorsitzenden wählen und den Vorstand der SE bestellen. Hierüber ist ein einfachschriftliches Protokoll zu fertigen.

---

231 Als Variante bei der Umwandlung in eine SE wird vorgeschlagen, dass in der Satzung in Bezug auf die Besetzung des Aufsichtsrats lediglich die Gesamtzahl der Mitglieder festgelegt wird. *Kowalski*, DB 2007, 2243, 2246.

## *7. Anmeldung der SE mit Sitz in Deutschland gem. Art. 26 SE-VO*

Hier stellt sich die Frage, von wem der Antrag zu unterzeichnen ist. Eine Meinung verweist auf Art. 15 Abs. 1 SE-VO i.V.m. §§ 36ff. AktG. Danach müssen alle Gründer[232], sowie alle Mitglieder des Leitungs- und des Aufsichtsorgans der SE diese anmelden.[233] Eine andere Meinung stellt auf § 16 Abs. 1 UmwG ab. Danach h1aben die Vorstandsmitglieder der aufnehmenden deutschen AG anzumelden.[234] Die Vorstandsmitglieder der SE haben hingegen nur ihre jeweilige Versicherung, dass ihrer Bestellung nichts entgegensteht, abzugeben.

Auch ist zu unterscheiden zwischen der Anmeldung bei Fortführung der dualistischen Struktur und bei Wahl der monistischen Struktur. In letzterem Fall ist die Anmeldung von allen Gründern, Mitgliedern des Verwaltungsrats und den geschäftsführenden Direktoren der SE vorzunehmen, Art. 21 Abs. 1 SE-VO.

Es erscheint nachvollziehbar, bei Fortführung der dualistischen Leitungsstruktur zwischen einer Verschmelzung zur Neugründung einer SE und der Verschmelzung zur Aufnahme zu unterscheiden. Bei einer Neugründung haben danach alle Gründer zu unterschreiben, also Vorstände und Aufsichtsratsmitglieder der beteiligten Gesellschaften; bei einer Aufnahme hat den Antrag der Vorstand[235] der aufnehmenden AG zu unterzeichnen.[236] Dies sollte, wie alle Zweifelsfragen, aber vorab mit dem zuständigen Register abgestimmt werden.

## *8. Korrespondenz mit den Registern*

Für den Beispielsfall der Verschmelzung einer österreichischen AG auf ihre deutsche Mutter-AG sei nachfolgend überblicksmäßig und im Sinne einer Checkliste dargestellt, dass und in welcher Weise mit Registern zu kommunizieren ist.

---

232 Also die Gründungsgesellschaften, die deutsche und die österreichische AG, jeweils vertreten durch ihren Vorstand.

233 *Spitzbart*, RNotZ 2006, 369, 396.

234 Fleischhauer/Preuß-*Heckschen*, Handelsregisterrecht (2006), S. 678, zum Beispielsfall der Verschmelzung zur Aufnahme, ohne Differenzierung zur Verschmelzung durch Neugründung.

235 In vertretungsberechtigter Zahl, vgl. § 16 Abs. 1 UmwG.

236 *Krafka/Willer* (Fn. 219), Rn. 1757.

### *a) Die involvierten Register*

Das österreichische Register der übertragenden Gesellschaft und das deutsche Register der aufnehmenden Gesellschaft sind Adressaten mehrfacher Korrespondenz. Hierbei kann noch eine „Komplikation" dann eintreten, wenn die Verschmelzung auch dazu genutzt werden soll, den Sitz der aufnehmenden Gesellschaft zu ändern, so dass auch das Register wechselt.

### *b) Informelle Korrespondenz*

Der Entwurf des Verschmelzungsplans und der Satzung können und sollten mit den zuständigen Registerrichtern möglichst früh abgestimmt werden. Hierzu sollten die Unterlagen im Entwurf übersandt werden. Im Übrigen wird eine telefonische Abstimmung in der Regel genügen.

### *c) Formelle Korrespondenz*

Folgende Unterlagen sind in der jeweils maßgeblichen Form an die Register zu senden:
- die Unterlagen zur Gründung der österreichischen AG nach österreichischem Recht
- Bekanntmachungen gemäß § 61 UmwG bzw. nach der maßgeblichen Vorschrift für die ausländische übertragende Gesellschaft
- Anträge auf Erteilung der Rechtmäßigkeitsbescheinigungen gemäß Art. 25 SE-VO bei beiden beteiligten Registern
- Antrag auf Eintragung der SE gemäß Art. 26 SE-VO beim deutschen Register
- Antrag auf Löschung der österreichischen AG beim österreichischen Firmenbuch

## *9. Änderung der HR-Nummer der Gesellschaft*

Mit der Änderung der Rechtsform von der AG zur SE geht ein Wechsel der HR-Nummer einher.[237] Dies sollte für das Unternehmen nicht weiter problematisch sein, da es den viel augenfälligeren Wechsel in der Firmierung von AG zur SE ohnehin gegenüber seinen Geschäftspartnern kom-

---

237 Bei einigen Registern wird dies wohl anders gesehen. Es ergibt sich aber aus dem Umstand, dass die Verschmelzung zur SE strukturell auch einen Formwechsel der aufnehmenden AG enthält. Um Rückfragen des Mandanten zutref-

munizieren sollte. Die damit verbundenen organisatorischen Arbeiten (Druck von Briefköpfen und Visitenkarten, Homepage-Änderungen, E-Mail-Signaturen, Mitteilungen an Kunden, Banken etc.) sind zu berücksichtigen.

### *10. Prokuren*

Die Verschmelzung zur SE stellt letztlich eine Kombination aus Verschmelzung und Formwechsel dar, da die übernehmende AG durch die Verschmelzung zugleich zur SE umgewandelt wird.

Auf die bei der übernehmenden deutschen AG bestehenden Prokuren hat dies keine Auswirkung.[238] In der SE-VO, den deutschen Umsetzungsgesetzen und der Literatur zur SE sowie auch zu Handelsregisteranmeldungen ist dies für den Fall der SE nicht thematisiert.

Beim Formwechsel nach Umwandlungsgesetz, etwa von der GmbH in die Rechtsform der AG ist in der Kommentarliteratur unstrittig, dass Prokuren des formwechselnden Rechtsträgers fortbestehen, da sie an das Unternehmen und nicht an die Rechtsform anknüpfen. Dennoch wird hierzu ausgeführt, dass man aus Gründen der „Klarstellung" angeben solle, dass die Prokuren fortbestehen.[239] Bei einer Verschmelzung nach Umwandlungsgesetz wird die Frage des Fortbestehens von Prokuren beim übernehmenden Rechtsträger ebenfalls nicht thematisiert. Hier wird auch keine „klarstellende" Angabe zu den Prokuren verlangt.

Da mithin zwar eigentlich keinerlei Rechtsgrund oder logische Erwägung ersichtlich ist, aus der heraus das Register der aufnehmenden Gesellschaft nicht vom Fortbestehen der Prokuren ausgehen und diese also bei der SE eintragen sollte, ist dennoch auf die Anforderungen des Registers Rücksicht zu nehmen und das Fortbestehen der Prokuren im Rahmen der Anmeldung deklaratorisch anzugeben. Für die Eintragung der SE als sol-

---

fend beantworten zu können, sollte der Notar bzw. Rechtsanwalt auch diesen Aspekt mit dem zuständigen Register klären.

238 Klar ist, das mit dem Erlöschen des übertragenden Rechtsträgers auch die für ihn bestellten Prokuren enden. Sollen also Prokuristen des übertragenden Rechtsträgers künftig Prokuristen des übernehmenden Rechtsträger sein, sind sie als solche zu bestellen und zum Register anzumelden.

239 Nach *Krafka/Willer* (Fn. 219), Rn. 1759, gelten für die Anmeldung einer Umwandlung die allgemeinen Grundsätze entsprechend. Hiernach dürfe das Registergericht nicht automatisch das Fortbestehen der Prokura unterstellen, da inhaltliche Änderungen möglich seien. Eine Anmeldung sei daher erforderlich. An diese sollen aber keine hohen Anforderungen zu stellen sein. Ein Satz, dass die Prokuren fortbestehen sollen, reiche aus, *Krafka/Willer* (Fn. 219), Rn. 1205.

che stellt die Frage des Fortbestehens der Prokuren allerdings kein Hinderungsgrund dar. Im Notfall, wenn die Eintragung der SE auf Basis einer Anmeldung ohne Prokuren- Hinweis schnell erfolgen soll, ist dieser Hinweis auf das Fortbestehen der Prokuren und der entsprechende Antrag auf Eintragung gesondert nach Eintragung der SE zu stellen.

## VII. Die letzten Schritte zur SE

### *1. Die Rechtmäßigkeitsbescheinigung aus dem ausländischen Mitgliedsstaat*

Zur Erlangung der Rechtmäßigkeitsbescheinigung sind beim Registergericht (in Österreich „Handelsgericht") der Verschmelzungsplan, das Hauptversammlungsprotokoll der übertragenden österreichischen Gesellschaft samt Anlagen (Verschmelzungsplan, Satzung der künftigen SE, Vereinbarung mit dem BVG über die künftige Arbeitnehmerbeteiligung), Hauptversammlungsprotokoll der übernehmenden deutschen AG, Veröffentlichung des Hinweises auf die Einreichung des Verschmelzungsplans und die Schlussbilanz der übertragenden österreichischen AG. Der Vorstand hat insbesondere mitzuteilen, ob sich in der Frist seit der Bekanntmachung der Einreichung des Verschmelzungsplans Gläubiger gemeldet haben. Bei einer zuvor zum Zwecke der kurzfristigen Verschmelzung gegründeten Gesellschaft wird es keine Gläubiger geben, die sich gemeldet haben könnten.

### *2. Die Rechtmäßigkeitsbescheinigung aus Deutschland*

Man kann sich fragen, ob es notwendig ist, auch dann eine gesonderte Rechtmäßigkeitsbescheinigung zu beantragen – und ob sie vom Register überhaupt ausgestellt werden kann und wird –, wenn das Register der deutschen AG zugleich das Register der späteren SE ist, also die aufnehmende deutsche AG im Zuge der Verschmelzung nicht ihren Sitz verlegt.

Als sicherer Weg ist hier (in Abstimmung mit dem zuständigen Register) zu empfehlen, den Antrag nach Art. 25 SE-VO[240] nicht nur beim ausländischen Register sondern auch beim Register der deutschen AG zu stel-

---

240 Muster bei Fleischhauer/Preuß-*Heckschen* (Fn. 235), S. 673 mit Erläuterungen.

len und ihn nicht mit dem Antrag nach Art. 26 SE-VO auf Eintragung der SE (dazu sogleich) zu verbinden.[241]

Davon zu trennen ist die Frage, ob das deutsche Register eine eigene Rechtmäßigkeitsbescheinigung erstellt und übersendet, die man dann wiederum im Rahmen des Antrags nach Art. 26 SE-VO beim selben Register einreicht. Das ist allerdings, auch wenn man hier eine Verkürzung der Wege für sinnvoll halten könnte, der Fall.

Dem Antrag der deutschen Gesellschaft nach Art. 25 SE-VO sind insbesondere der Verschmelzungsplan der Gesellschaft (sofern es getrennte Verschmelzungspläne gibt, ist in dieser Prüfungsstufe für das deutsche Register nur der Verschmelzungsplan der deutschen Gesellschaft von Belang), das Hauptversammlungsprotokoll der deutschen AG und, sofern nicht entbehrlich,[242] der Verschmelzungsbericht und der Verschmelzungsprüfungsbericht beizufügen sowie der Nachweis über die Zuleitung des Entwurfs des Verschmelzungsplans an den Betriebsrat.

Außerdem ist von den anmeldenden Vorstandsmitgliedern zu versichern, dass eine Anfechtungs- oder Nichtigkeitsklage gegen den Beschluss der Hauptversammlung nicht erhoben ist; beschleunigend wirkt es sicherlich, wenn hierbei angegeben werden kann, dass die Aktionäre sogar ausdrücklich auf diese Möglichkeit verzichtet haben.

### *3. Die Eintragung der SE in Deutschland*

Zur Frage, wer die SE zur Eintragung anzumelden hat, sei auf die obigen Ausführungen unter VI.7. verwiesen. Es sind insbesondere die Angaben zum Vorstand und zum ersten Aufsichtsrat und zur Existenz einer Vereinbarung mit dem Besonderen Verhandlungsgremium zu machen. Der Vorstand der SE hat die erforderlichen Versicherungen abzugeben.

Der Umfang der Anlagen ist bei einer Tochter-Mutter-Verschmelzung überschaubar. Es sind im Original die beiden Rechtmäßigkeitsbescheinigungen vorzulegen, der im Falle einer österreichisch-deutschen Verschmelzung vorzugsweise gemeinsam beurkundete Verschmelzungsplan, dessen

---

241 So auch Fleischhauer/Preuß-*Heckschen* (Fn. 235), S. 679: Der Wortlaut von Art. 26 SE-VO gebe eine solche Möglichkeit des Gesamtantrags nach Art. 26 inklusive des Antrags nach Art. 25 SE-VO nicht her. Anderer Ansicht *Walden/Meyer-Landrut*, Die grenzüberschreitende Verschmelzung zu einer Europäischen Gesellschaft: Beschlussfassung und Eintragung, DB 2005, 2619, 2622.

242 Wie bei einer Tochter-Mutter-Verschmelzung, s. o.. Wenn allseits zulässigerweise verzichtet wurde, sind die – notariell beurkundeten – Verzichtserklärungen beizufügen.

Anlage die Satzung der SE ist (die aber rein vorsorglich auch gesondert eingereicht wird) und die Vereinbarung mit dem Besonderen Verhandlungsgremium.[243]

### *4. Die Bekanntmachung der SE*

Die Eintragung der SE ist bekannt zu machen, Art. 14 SE-VO. Hierbei ist zu beachten, dass die Bekanntmachung nicht nur in Deutschland, sondern auch im Amtsblatt der Europäischen Gemeinschaften zu erfolgen hat. Diese Bekanntmachungen erfolgen von Amts wegen durch das Register der aufnehmenden Gesellschaft.[244]

### *5. Die Löschung der übertragenden AG*

Abgeschlossen wird der Prozess im verwendeten Beispielsfall durch die Löschung der übertragenden, österreichischen, Aktiengesellschaft. Hierfür ist ein vom Vorstand dieser AG unterzeichneter, notariell beglaubigter Antrag zu stellen, dem die Eintragungsnachricht der SE und eine Unbedenklichkeitsbescheinigung des Finanzamts beizufügen sind.

## VIII. Schlussbetrachtungen

### *1. Dauer der Gründung einer SE durch Verschmelzung*

Hier gilt die klassische juristische Antwort: „Es kommt darauf an". Dreh- und Angelpunkt des Verfahrens und damit entscheidender Faktor für seine Dauer ist das Verfahren zur Gestaltung der künftigen Arbeitnehmermitbestimmung. Gelingt hier die Bildung des Verhandlungsgremiums und der Abschluss der Verhandlungen insgesamt in einem Zeitraum von deutlich

---

243 *Krafka/Willer* (Fn. 219), Rn. 1757; Fleischhauer/Preuß-*Heckschen* (Fn. 235), S. 677 ff., zusätzlich sind Niederschriften über die Bestellung der Mitglieder des ersten Verwaltungsrats und der geschäftsführenden Direktoren erforderlich, wenn die SE ein monistisches Leitungssystem erhält.

244 Die Bekanntmachung nach Art. 14 SE-VO dient ausschließlich Informationszwecken. Durch die Bekanntmachung soll das Fehlen eines europäischen Registers für die SE kompensiert werden, Lutter/Hommelhoff-*Kleindiek* (Fn. 1), Art. 14 SE-VO Rn. 3.

unter sechs Monaten, so kann das gesamte Verfahren in etwa acht Monaten abgeschlossen werden.

### *2. Kosten*

Hierbei ist zu bedenken, dass neben anwaltlichen Beratungskosten im wesentlichen Notarkosten und Spesen für die Organisation des Besonderen Verhandlungsgremiums und der Verhandlungen mit diesem eingeplant werden müssen.[245] Insgesamt werden die Kosten den Betrag von einhunderttausend Euro deutlich übersteigen.[246]

### *3. Zielerreichung*

Die Gründung einer SE bietet einem Unternehmen des gehobenen Mittelstandes in der Außenwahrnehmung einige Vorteile, insbesondere, wenn das Unternehmen europa- oder weltweit tätig ist und Lieferanten, Kunden oder sonstige Partner im Ausland hat. Der Rechtsformzusatz der SE genießt europaweit zumindest keinen schlechten Ruf und man kann unter Verweis auf bekannte Großunternehmen in der Form der SE und auf die eigene internationale Aufstellung Rückfragen positiv und überzeugend begegnen. Anders als die Wahl einer ausländischen Rechtsform (z. B. „Limited") ist die SE aufgrund ihres mindestens gleichwertigen Image und des weitgehend anwendbaren Aktienrechts und der Möglichkeit der Ausgestaltung im GmbH-ähnlichen monistischen System nach innen wie nach außen eine sehr gute Rechtsformalternative.

Steuerlich begegnet die Verschmelzung zur SE keinen spezifischen Problemen, solange es nicht dazu kommt, dass Wirtschaftsgüter der Besteuerung eines Mitgliedsstaates entzogen werden, so dass eine „Wegzugsbesteuerung" droht.

Mitbestimmungsrechtlich bietet die SE die Option einer maßgeschneiderten, mit den Arbeitnehmern verhandelten Struktur der Mitbestimmung im Aufsichtsrat bzw. im „Board". Insbesondere die Erreichung dieses Ziels lässt sich naturgemäß nicht im vorhinein mit Sicherheit abschätzen.

---

245 Neben Reise- und Hotelkosten sind hier insbesondere Dolmetscher- und Übersetzungskosten einzukalkulieren.

246 *Beyer/Schmidt*, AnwBl. 2008, 327, nennen einen Beispielsfall, in dem die Kosten mit insgesamt EUR 377.000 angegeben wurden. Interne Kosten werden dabei nur zu schätzen sein. Bei größeren Unternehmen, insbesondere börsennotierten Gesellschaften, dürften Kosten in Millionenhöhe entstehen.

Da sich aber zumindest die Chance auftut, ein mittelständisches Unternehmen in funktionierenden Strukturen auch bei zukünftigem Wachstum zu erhalten, stellt die SE-Gründung eine zeitlich und kostenmäßig vernünftige Gestaltung und mithin eine Empfehlung für den Mittelstand dar.

## *4. Ausblick*

Die Anzahl der SEs ist allein im Jahr 2008 stark angestiegen. Während im Juni 2008 213 SEs bestanden, waren es im April 2009 schon 369![247] Ein weitere Verbreitung der SE ist auch für die Zukunft zu erwarten, denn die SE hat mittlerweile zumindest in Deutschland einen großen Bekanntheitsgrad erreicht, der einen Nachahmungseffekt zur Folge haben wird. Zudem ist das Beratungs-Know-how für den Umgang mit der SE gewachsen und künftige Gründungen werden leichter von der Hand gehen. Durch etwaige Änderungen der SE-VO können die rechtlichen Rahmenbedingungen außerdem weiter verbessert und die Attraktivität der SE noch gesteigert werden.

Konkrete Vorschläge zur Änderung der SE-VO liegen bereits vor.[248] Zum einen wird vorgeschlagen, zukünftig auf das Erfordernis der Mehrstaatlichkeit als Voraussetzung für die Gründung einer SE zu verzichten, sogenannte „ex nihilo" Gründungen zu ermöglichen. Ein weiterer und interessanter Änderungsvorschlag ist, das Wirksamwerden der SE als juristische Person von der Durchführung des Verfahrens zur Beteiligung der Arbeitnehmer abzukoppeln, mithin keinen Nachweis über eine Mitbestimmungsvereinbarung mehr als Eintragungsvoraussetzung zu verlangen. Wie dieser Beitrag zeigt, ist das Verfahren der Arbeitnehmerbeteiligung nach der SE-VO und dem SEBG kompliziert und langwierig. Eine Änderung dahingehend, den Abschluss des Verhandlungsverfahrens nicht mehr als Eintragungsvoraussetzungen zu verlangen, ist vor diesem Hintergrund zu begrüßen. Es können andere Wege gefunden werden, die Durchführung des Verhandlungsverfahrens zugunsten der Arbeitnehmer zu garantieren; letztlich ist die zwingende Auffanglösung bei Scheitern von Verhandlungen Druckmittel genug.

Die „Landschaft der Gesellschaftsrechtsformen" könnte in Zukunft durch die Einführung einer Societas Privata Europaea („SPE") eine weitere

---

247 *Eidenmüller/Engert/Hornuf*, AG 2008, 721, 725. Stand 15. April 2009: 369 SEs, gemäß Erhebungen in allen Mitgliedstaaten der EU und des EWR im Rahmen der Studie im Auftrag der EU-Kommission (s. Fn. 5).

248 *Arbeitskreis Aktien- und Kapitalmarktrecht*, Die 8 wichtigsten Änderungsvorschläge zur SE-VO, ZIP 2009, 698.

wesentliche Änderung erfahren. Am 25. Juni 2008 legte die Europäische Kommission ihren Vorschlag für eine Verordnung über das Statut der Europäischen Privatgesellschaft vor.[249] Diesem Vorschlag hat das Europäische Parlament – in einer geänderten Fassung[250] – am 10. März 2009 mit großer Mehrheit zugestimmt. Ziel der Einführung der SPE ist es, die Wettbewerbsfähigkeit der kleinen und mittleren Unternehmen – für die eine SE-Gründung zum Beispiel wegen des hohen Gründungskapitals oder mangels Mehrstaatlichkeit nicht in Betracht kommt – durch Erleichterung ihrer Niederlassung und Tätigkeit im Binnenmarkt zu erhöhen. Die Mitbestimmung in der SPE soll sich nach dem Recht des eingetragenen Sitzes richten und grundsätzlich für alle Arbeitnehmer der SPE einheitlich gelten. Unter Umständen soll aber auch bei der SPE – wie bei der SE – über die Arbeitnehmermitbestimmung verhandelt werden können. Nach derzeitigem Planungsstand soll die SPE wohl ab dem 1. Juli 2010 für die Unternehmen zur Verfügung stehen.[251] Insbesondere vor dem Hintergrund der schwierigen Konzeption der SE – schon 1970 legte die Kommission dem Rat einen ersten Verordnungsvorschlag vor – kann aber derzeit keine Prognose zu der Frage gewagt werden, wann tatsächlich die erste SPE gegründet werden wird.

Möglich ist, dass die im Zusammenhang mit der SE gemachten Erfahrungen deutsche Gesellschaftsformen beeinflussen werden. Der Arbeitskreis „Unternehmerische Mitbestimmung“[252] legte im Mai 2009 einen Vorschlag zur Reformierung des Mitbestimmungsgesetztes vor.[253] Um ein Ausbluten der Gesellschaftsform der deutschen Aktiengesellschaft zu verhindern schlägt der Arbeitskreis vor, unter anderem auch bei der AG eine Veränderung der Arbeitnehmermitbestimmung durch den Abschluss einer Mitbestimmungsvereinbarung zu ermöglichen. Dieser Vorschlag ist sehr zu begrüßen, er würde dazu beitragen, das deutsche Mitbestimmungsrecht zeitgemäß weiterzuentwickeln.

---

[249] KOM (2008) 396.

[250] Entschließung des Europäischen Parlaments vom 10.7.2009, http://www.europarl.europa.eu/sides/getDoc.do?type=TA&reference=P6-TA-2009-0094&language=DE&ring=A6-2009-0044.

[251] *Krome/Huber*, Pwc: steuern+recht, Juni 2009 S. 16.

[252] Bestehend aus den Professoren Bachmann, Baums, Habersack, Henssler, Lutter, Oetker und Ulmer.

[253] *Arbeitskreis „Unternehmerische Mitbestimmung“*, Entwurf einer Regelung zur Mitbestimmungsvereinbarung sowie zur Größe des mitbestimmten Aufsichtsrats, ZIP 2009, 885.

Bei Fragen zur Produktsicherheit wenden Sie sich bitte an:
If you have any questions regarding product safety,
please contact:

Walter de Gruyter GmbH
Genthiner Straße 13
10785 Berlin
productsafety@degruyterbrill.com